DESCRIPTION NOUVELLE

De ce qu'il y a de plus remarquable

DANS LA VILLE

DE

PARIS.

PAR M. B.....

TOME PREMIER.

A LA HAYE,

Chez **ABRAHAM ARONDEUS,**
Marchand Libraire dans le Palais,
au Roi de France.

M. DC. LXXXV.

Sloet de
Warmelo

AVERTISSEMENT.

PERSONNE ne doute que Paris ne soit à present une des plus grandes & des plus belles Villes du Monde, la magnificence de ses bâtimens, son étenduë, le nombre presque infini de ses Habitans, entre lesquels il s'en trouve, dont la richesse peut égaler celle de quelques Souverains ; & enfin le concours perpetuel de toutes les Nations de l'Europe, qui viennent avec un extrème empressement étudier les manieres Françoises, & remarquer ce qu'il y a

de plus singulier, toutes ces choses font qu'elle doit être conside-
rée comme une Ville qui n'a pas
sa parielle. Cependant il arri-
ve fort souvent que peu de personnes en remarquent toutes les
veritables beautez, & principalement les Etrangers qui se plai-
gnent, que l'on ne les peut connoître, sans en faire une étude
particuliere, & sans se donner
la peine de chercher avec soin ce
qui merite d'être veu : aucune
description n'ayant encore paru
qui ait pû les instruire, c'est en
leur faveur, & pour satisfaire
leur curiosité, que l'on a entrepris de décrire en abregé ce qu'il
y a de plus beau & de plus singulier dans cette fameuse Ville.
Cette description leur sera d'autant

tant plus utile, qu'ils pourront
eux-mêmes s'en éclaicir ſur les
lieux qui leur ſeront marquez,
& qu'ils pouront examiner les
choſes ſur leſquelles ils paſſe-
roient ſans doute, ſi l'on ne leur
faiſoit obſerver; mais pour rendre la choſe plus facile, l'on a
ſuivi les Quartiers & les Ruës,
autant qu'il a été poſſilbe, afin
que dans une même courſe on pût
voir pluſieurs belles choſes.

On n'entreprend pas de faire
une deſcription exacte. Il eſt
preſque impoſſible d'y réuſſir,
quelque application que l'on y
donne, l'on ne veut ſeulement
que rapporter ce qu'il y a de plus
remarquable, & ce qui merite d'être regardé avec quelque
ſorte de diſtinction; le deſſein n'a

pas été non plus de faire la recherche des Antiquités, parce que Gilles Corozet, le Pere du Breüil,
& quelques autres l'ont fait bien
mieux que l'on ne le pouvoit faire, & qu'il faut conſulter ſi
l'on veut ſçavoir les Origines,
ou les fondations. Ces mêmes
Auteurs raportent les Epitaphes & les Hiſtoires particulieres, qui auroient groſſi conſide-
rablement ce Volume, ſi l'on
s'êtoit obligé de les copier : outre
qu'il eſt fort peu neceſſaire à un
Etranger de ſçavoir ces ſortes de
choſes, qui ne doivent être con-
ſiderées que comme des monumens particuliers, qui ne ſervent
de rien à l'Hiſtoire publique,
pour laquelle ils voyagent. Ils
aimeront bien mieux ſans doute

la

Avertiſſement.

la deſcription d'un Cabinet, d'u-
ne Biblioteque ou d'un Appartement bâti à la moderne, que la
lecture des Epitaphes du Char-
nier des ſaints Innocens, dont ils
ne s'aviſeront jamais de faire le
déchifrement.

On ſera ſans doute ſurpris
que j'aye oſé entreprendre une
choſe auſſi difficile que celle-ci,
à la veüe de tant de Sçavans
dont Paris abonde; mais après
tout, quoi que je n'aye pas réüſ-
ſi, ce me ſera neanmoins une
gloire aſſez grande, ſi je puis inſpirer à quelque Auteur habile
le deſſein d'un Ouvrage qui ré-
ponde en quelque mauiere à la
reputation de cette grande Ville.

Cc

Avertissement.

Cependant comme dans la suite, on pourra s'instruire plus particulierement de certaines choses que l'on n'a pû découvrir; on sera en même temps fort obligé à ceux qui ont des Memoires particuliers, s'ils ont la bonté de les communiquer, & d'en avertir le Libraire qui a imprimé ce Livre, afin que l'on puisse les aller consulter, s'ils veulent bien le permettre.

DESCRIPTION
NOUVELLE

De ce qu'il y a de plus remar-
quable

DANS LA VILLE.
DE
PARIS.

Vant que d'entrer en matie-
re, il ne sera pas hors de
propos de dire quelque chose de l'origine de Paris. Si
cette grande Ville n'est pas
une des plus anciennes de l'Europe, au
moins elle se peut vanter que Cesar en a
parlé fort avantageusement dans le sixié-
me Livre de ses Commentaires, où il dit,
qu'aprés avoir subjugué plusieurs Nations

Tome I. A des

des Gaules ; il fut obligé de mettre le Siege devant Paris, qui pour lors étoit enfermé dans les deux bras de la Seine, où tous les Habitans des lieux circonvoisins s'étoient refugiés. Là ces peuples se défendirent avec tant d'opiniâtreté & de resistance, qu'il fut contraint de ramasser le plus qu'il put de ses Troupes, pour les attaquer & pour les combattre. Il est vrai qu'il les vainquit, mais ce ne fut qu'avec beaucoup de peine & aprés de sanglans combats, & enfin pour les reduire entierement & pour les contenir sous son obéïssance, il fit bâtir le grand Châtelet, où il mit une forte Garnison. Mais on voit dans quelques autres Historiens que Julien l'Apostat s'étant refugié dans les Gaulec, & qui même demeura long-temps à Paris dans l'endroit où est à present l'Hôtel de Cluny, ★ il fit bâtir cette maniere de forteresse, pour tenir en bride tous les peuples circonvoisins qui étoient tres-remüans : aprés tout, il est vrai que l'on n'a pas une fort grande certitude de toutes ces choses, à cause de l'ignorance des siecles qui nous ont precedé, qui ont enlevé les memoires sur lesquels on pourroit faire quelques fondemens, s'ils étoient passez jusqu'à nous.

Pour le nom de cette Ville, les uns disent qu'elle a été appellée *Lutetia* du nom

du

★ *Epistolæ Juliani Imperatoris.*

du Roi Lucus , qui étoit tres-illuſtre parmi les anciens Gaulois ; les autres à cauſe
du mot Latin *Lutum* , qui ſignifie boüe:
peut-étre , parce que ſa ſituation étant entre deux bras de riviere , il y avoit toûjours
beaucoup d'eau & de boüe , & c'eſt ſans
doute pour cette raiſon que l'on nomme
encore à preſent *le Marché Palud* , un petit eſpace qui ſe trouve au bout du Petit-
Pont , entre la ruë Neuve de Nôtre-Dame
& la ruë de la Calande. D'autres Auteurs
diſent , que le nom de Paris pouroit bien
avoir été formé d'un terme Grec Παρὰ
qui ſignifie proche , & du nom de la Deeſſe Iſis , qui avoit autrefois un Temple dans
l'endroit où eſt à preſent l'Egliſe de ſaint
Germain des Prez , dont Paris n'étoit pas
fort éloigné ; & le Village d'Iſſi proche de
Vaugirard , a peut-étre auſſi conſervé ſon
nom , à cauſe que cette Deeſſe y avoit un
Temple deſſervi par des Preſtres , pour la
ſubſiſtance deſquels il y avoit autour quelques terres affectées qui appartiennent même encore à preſent aux Religieux de ſainte Geneviéve du Mont. Cependant Iſis
n'étoit pas la ſeule Divinité qui fût adorée
dans le Territoire de Paris , Cybele y avoit
auſſi des Temples ; & pour ſoûtenir cette
conjecture , on peut remarquer ici ce qu'on
a découvert depuis quelques années dans
le Jardin de Mr. Berrier , qui demeure
proche Saint Euſtache dans la rüe Coquil-

liere. Comme l'on fut obligé de creuser
la terre assez avant pour faire les fondemens d'une muraille, on trouva les restes
d'une vieille tour, avec un Buste de bronze qui representoit la tête d'une femme,
un peu plus grosse que le naturel, couron-
née d'un Château composé de quatre
Tours, avec leurs creneaux antiques, de
la même maniere que l'on en voit sur les
anciens bas reliefs de Rome, ou bien sur
les Médailles où la Deesse Cybele est representée, que l'on invoquoit pour la fécon-
dité de la terre, & que les Poëtes appel-
loient *Turrita Mater.* Tous les Antiquaires qui ont veu cette Piece, ne doutent nul-
lement de son antiquité ; entre les autres
le Reverend Pere du Moulinet, un des
plus habiles hommes du Royaume dans
ces sortes de choses, a fait imprimer un
petit Discours, pour faire voir que cette
tête pouroit avoir servi dans quelque
Temple, bâti à cét endroit, où cette Deesse étoit adorée ; & même dans la Biblio-
theque de Sainte Geneviéve l'on en conserve une copie en plâtre, que l'on a fait mou-
ler avec toute l'exactitude possible, sur
l'Original qui est à present dans le cabinet
de Monsieur le Procureur General, * cét
illustre Magistrat qui connoit si parfaitement le prix des belles choses. Mais il y
a encore d'autres étymologies que celle-là,

en-

* *De Harlay.*

entr'autres celle de Pâris, Roi des Gaules, dont les Etats s'étendoient ici autour, d'où vient que selon quelques-uns
les Habitans des Villages circonvoisins
étoient nommez *Parisii* ou *Parisiaci.*

Au reste il seroit trop long de parler des
divers accroissemens de cette Ville ; l'on
peut facilement s'imaginer qu'elle n'a pas
toûjours été de la grandeur & de l'étenduë
dont elle est à present. Sous le regne de
Clovis, elle étoit encore enfermée entre
les deux bras de la Seine, c'est à dire qu'elle n'occupoit que l'Isle du Palais, qui est
ce que l'on nomme à present *la Cité*, avec
quelques maisons sur le bord de la riviere,
du côté de l'Eglise de saint Germain l'Auxerrois, où étoit pour lors un Bois que
l'on appelloit *la Forêt des Charbonniers.*
Mais cependant quoi qu'elle fût fort petite pour lors, elle ne laissoit pas d'être con-
siderée comme une Place de tres grande
importance ; puis que dans le partage que
les Enfans de Clovis firent du Royaume,
ils convinrent entr'eux que Paris demeu-
reroit neutre, sans appartenir à pas un des
quatre ; & que celui qui y entreroit sans la
permission des trois autres, perdroit la
part qu'il y pouvoit pretendre.

Sous la seconde Race elle devint un peu
plus considerable, l'on commença à bâtir
sur tous les bords de la Seine, autour de
l'Eglise de sainte Geneviéve, que Clovis

avoit

avoit fait élever au deſſus de la Place-Maubert, où depuis Charlemagne logea les
Sçavans qu'il avoit fait venir de Grece &
d'Italie, proche ſaint Martin des Champs;
& enfin en divers autres lieux de la Campagne d'alentour.

Mais ſous la troiſiéme Race elle augmenta beaucoup davantage. Philippe Auguſte la fit paver par tout, & un Financier
nommé Girard de Pouſſi, y remit de ſon
propre fond onze mille marcs d'argent,
ſans qu'il y fût contraint par le Roi, avec
lequel il avoit gagné ſans doute cette grande ſomme; ce qui fut un exemple de ge-
neroſité tout-à-fait extraordinaire, comme Monſieur de Mezerai le rapporte ſous
l'année 1185. dans ſon Hiſtoire de France in 4. Ce Roi fit auſſi enfermer de
murailles tous les quartiers, celui de l'U-
niverſité depuis le bord de la Seine, en
commençant par la porte de ſaint Bernard
ou de la Tournelle, en montant derriere
ſainte Geneviéve juſqu'à la porte ſaint Jacques, & en deſcendant de ſuite vers la riviere, à l'endroit où eſt à preſent le College des quatre Nations, où étoit la porte
de Neſle, qui a été abatuë il n'y a pas long-
temps pour élargir ce quartier.

Du côté du Septentrion, elle étoit auſſi
entourée de murailles, qui avoient à peu
prés la même étenduë. Il y avoit autrefois
une porte proche l'endroit où ſont les
Quin-

Quinze-Vints, qui répondoit à la porte
Neuve sur le bord de l'eau abatuë depuis
quelques années, proche de laquelle étoit
une Tour fort haute ; une autre dans la
ruë Coquilliere au bout de la ruë de Grenelle. Dans la ruë saint Denis proche la
Fontaine de la Reine, celle que l'on nommoit la porte aux Peintres ; une dans la
ruë de saint Martin, qui étoit au bout de
la ruë aux Ours ; & une autre enfin proche le Cimetiere de saint Jean, que l'on appelloit la porte Bodais, parce qu'elle con-
duisoit au Château de ce nom, qui étoit à
l'endroit où est le village de saint Maur des
Fossez au delà de Charenton. Depuis ce
temps-là cette grande Ville s'est beaucoup
augmentée, & tous les jours elle s'étendoit
dans la Campagne : mais depuis quelque
temps pour de tres-grandes considerations,
on a fait planter des bornes au delà desquelles il n'est pas permis de bâtir. Il faut considerer qu'étant ainsi bornée comme elle est,
son étenduë est d'autant plus remarquable, qu'il ne s'y trouve aucun espace qui
ne soit tres-peuplé, & qui ne soit autant
rempli de maisons qu'il le peut-être, où il
se trouve toûjours plusieurs Familles ensemble, ce qu'on ne voit que rarement
dans les autres Villes, à cause que chacun
veut étre logé en particulier, & que l'on
n'y trouve point de maisons à sept étages,
comme elles sont autour du Palais, pro-

A 4

che

ehe le grand Châtelet & aux environs de la
Halle, dans lefquelles les moindres efpaces
font occupez & loüez cherement.

Voilà tout ce que l'on peut dire en general de Paris, maintenant il faut en parler d'une maniere plus particuliere.

LE LOUVRE

LEs Hiftoriens difent que ce Palais a
été commencé par Philippes Augufte,
en l'année 1214. qui fit faire la groffe
Tour, où Ferrand Comte de Flandre fut
mis en prifon aprés la fameufe bataille de
Bouvines, que ce Roi gagna glorieufe-
ment fur ce Comte, qui s'étoit revolté
contre lui. Dans le fiecle paffé on voïoit
encore cette Tour qui avoit fervi non feulement à garder les tréfors de ce Prince,
mais auffi qui avoit été bâtie pour recevoir
les hommages & le ferment de fidelité de
ceux qui relevoient de la Couronne ; ou
plutôt comme l'on peut croire, elle étoit
le Siege Seigneurial duquel dépendoient
plufieurs Fiefs ; car on fait que nos Ancêtres avoient la coûtume de bâtir toûjours
dans leurs Châteaux une grande Tour, fur
laquelle ils en élevoient une autre petite,
que l'on nommoit le Donjon, qui faifoit
la marque de la Seigneurie ; & fans doute
que

que celle du Louvre étoit confiderée de cette maniere ; elle fut renverſée lors que
François premier fit commencer ce qu'on
appelle à preſent le vieux Louvre, mais la
mort l'empêcha de faire beauconp de choſes qu'il s'étoit propoſé. Henri I I. ſon Fils
pouſſa l'ouvrage plus avant, ſur les deſſeins de ſon Pere, & pour la conduite de ce
Bâtiment, il ſe ſervit de l'Abbé de Clagni
& de Jean Gougeon, tous deux Pariſiens
& des plus habiles Architectes de leur
temps, puis que le peu de choſes que l'on
voit d'eux, paſſe pour la plus reguliere &
la plus belle Architecture du monde : ils
furent preferez à l'illuſtre Sebaſtien Sorlio,
qu'on avoit fait venir exprés d'Italie, mais
qui eut le chagrin de voir qu'on ne ſuivit
pas ſes deſſeins. On voit dans la Salle des
Cent Suiſſes une eſpece de Tribune de l'ouvrage de Jean Gougeon, ſoûtenuë de quatre Cariatides, d'un deſſein ſi regulier, &
ſi bien imaginé, que Mr. Perrault de l'A-
cademie Royale des Sciences, l'a fait graver dans la Traduction des Oeuvres de Vi-
truve, où il l'a propoſé comme un modele achevé. Voici l'inſcription qu'Henri II
fit mettre ſur une des Portes.

H E N R I C U S II. C H R I S T I A-
N I S S. V E T U S T A T E C O L-
L A P S U M R E F I C I C O E R.
A. P A T. F R A N C I S C O I.
R. C H R I S T I A N I S. M O R-
T U I S A N C T I S S. P A R E N T.
M E M O R , P I E N T I S S. F I-
L I U S A B S O L U I T A N. A
S A L. C H R I S T I. MDXXXXVIII.

Loüis tréziéme qui n'avoit que de
grands desseins, fit élever le gros Pavillon, qui est au dessus de la porte. Le sieur
Mercier eut la conduite de cét Ouvrage,
où il suivit la premiere Ordonnance; mais
ayant été obligé de l'élever plus que le
corps du bâtiment, sur l'ordre Corinthien
& Composite, il mit un ordre Cariatide,
qu'il imita de celui de la Salle des Cent
Suisses dont on a parlé, sur lequel il posa
un double Fronton. L'ancienne porte
du Louvre est sous ce Pavillon, dont la
Voute est soûtenuë par deux rangs de colonnes Joniques d'une seule piece disposées
deux à deux, qui sont tres-remarquables
pour leur grandeur. La Cour qui se trouve au milieu de ce bâtiment, est grande &
par-

parfaitement quarrée, le Roi en a fait élever trois aifles qui ne font pas encore achevées, l'ouvrage eſt à trois rangs de colonnes Corinthiennes & compoſites, & le
comble du bâtiment eſt en terraſſe, ce qui
paroît d'une beauté & d'une magnificence
ſurprenante; la grande Porte eſt du côté
de ſaint Germain l'Auxerrois, elle eſt au
milieu d'une longue Façade revêtuë de
colonnes Corinthiennes, deux à deux d'u-
ne tres-belle grandeur, qui étant hors
d'œuvre, forment un grand portique de
chaque côté de la Porte, ſur laquelle eſt le
Fronton compoſé ſeulement de deux pierres d'une ſeule piece, qui ont chacune cinquante pieds de longueur; une grande
Terraſſe regne ſur cette face, de laquelle
on peut découvrir tout Paris.

Il y a dans le vieux Louvre pluſieurs
choſes à voir.

LE CABINET DES TABLEAUX

LE lieu où ſont les Tableaux du Roi,
eſt dans un appartement qui ſe trouve
aſſez proche du bout de la grande Galerie;
il ſeroit difficile d'en trouver un plus
grand nombre & de plus rares en quelque
endroit de l'Europe que ce puiſſe être; il y

en a de tous les fameux Maitres d'Italie,
de Flandre , & des autres endroits, que le
Roi a fait graver , & dont on a deux gros
Volumes : mais depuis quelque temps,
l'on en a transporté une grande partie à
Versailles, pour embellir ce magnifique
Palais. Cependant il en reste encore plusieurs de divers Maitres, entr'autres, la
Cene de Paul Veronnese, qui est un Tableau extraordinairement grand, aussi bien
que les Batailles de Monsieur le Brun , sur
lesquelles on a fait de tres-belles Tapisseries. Les Pieces du Poussin y sont conser-
vées soigneusement , aussi bien que celles
de quelques autres Peintres François, dont
il est le premier sans contredit.

On travaille en Sculpture en deux endroits differens du Louvre, Mr. Girardon a son Atelier sous le Cabinet des Tableaux , où l'on voit quelques Statuës que
l'on acheve pour Versailles : c'est dans ce
lieu que celles de la Grotte ont été faites,
l'on y remarquera le modelle du Tombeau
du Cardinal de Richelieu , qui doit étre
placé dans l'Eglise de la Sorbonne.

AU bout de la Place , qui est devant la
Porte sous le Pavillon du côté de la
ruë saint Honoré , il faut aller voir les Statuës qui doivent étre mises au Tombeau
de Monsieur de Turenne , que le Roi fait
faire

faire à faint Denis. On y pourra auffi remarquer plufieurs belles chofes qui font
toutes du deffein & de l'imagination de
Monfieur de Merci, un des plus excellens
Sculpteurs du Royaume. Il travaille à prefent à faire quelques Figures deftinées pour
le Tombeau de Mr. le Duc de Noailles à
Saint Paul, le fieur Renaudin a auffi fon
Atelier proche Mr. Girardon, qui merite bien d'étre vû des curieux.

On ne doit pas fur tout negliger de voir
avant que de fortir du Louvre, la Salle où
s'affemblent Meffieurs de l'Académie
Françoife, que le Roi honore d'une protection fi particuliere, qu'il a voulu qu'ils
s'affemblaffent dans fon propre Palais.
Cette illuftre Académie eft compofée de
perfonnes favantes, qui travaillent inceffamment à perfectionner la Langue Françoife, ils s'affemblent trois fois la femaine. Voici les noms de ceux qui la compo-
pofent à prefent.

M. de Befons, Confeiller d'Etat.
M. Corneille.
M. Doujat.
M. Charpentier.
M. l'Abbé Tallement, premier Au-
mônier de Madame.
M. le Duc de Coiflin.
M. l'Abbé Peliffon, Maître des Re-
quêtes.

M. l'Evêque d'Acs.

M. le Cardinal d'Eſtrées.

M. de Renoüard de Villayer, Conſeiller d'Etat.

M. l'Abbé de Furetieres.

M. de Segrais.

M. le Clerc.

M. le Duc de S. Aignan.

M. le Comte de Buſſy.

M. l'Abbé Teſtu.

M. l'Abbé Tallement, Prieur de S.
Albin.

M. Boyer.

M. le Marquis d'Angeau, Gouverneur
de Touraine.

M. l'Abbé Regnier des Marais.

M. l'Abbé de la Chambre.

M. Quinaut, Auditeur des Comptes.

M. l'Archevêque de Paris.

M. l'Evêque de Meaux, ci-devant
Precepteur de Monſeigneur le Dauphin, & premier Aumônier de Madame la Dauphine.

M. Perault, Controlleur des Bâtimens.

M. l'Abbé Fléchier, Aumônier de
Madame la Dauphine.

M. Racine, Treſorier de France.

M. l'Abbé Gallois.

M. de Benſerade.

M. l'Abbé Huet, ci-devant Sous-Pre-
cepteur de Monſeigneur le Dauphin.

M. Ro-

M. Roze, Secretaire du Cabinet du Roi.

M. Cordemoi, Lecteur de Monseigneur le Dauphin.

M. le Président de Mesme.

M. l'Abbé Colbert, Coadjuteur de Roüen.

M. l'Abbé de Lavau, Bibliotequaire du Cabinet du Roi.

M. Verjus, Plenipotentiaire à la Diete de Ratisbonne.

M. de Novion, premier Président au Parlement de Paris.

M. l'Abbé Dangeau.

M. Barbier d'Haucour.

M.

Tous les deux ans le jour de la Fête de Saint Louïs, on y distribuë deux Médailles d'or pour le prix de l'Eloquence & de la Poësie, ce qui fait, qu'un grand nombre de personnes composent dans l'une & dans l'autre pour les obtenir. Le même jour tous les ans ces Messieurs font chanter une Messe en musique, aprés laquelle le Panegyrique du même Saint est prononcé par quelque habile Predicateur ; Monsieur l'Abbé Pelisson a fait l'Histoire de l'Académie Françoise, & l'a écrite avec tant de politesse & d'agrément, que ce Livre passe pour un des plus beaux & des mieux écrits qu'il y ait dans la langue Fran-

Françoise; ils ont quelques Tableaux dans leurs Salles, un de la Sainte Vierge, un autre du Roi en habit de Sacre, le Portrait du Cardinal de Richelieu le Fondateur de l'Académie Françoise, celui du Chancellier Seguier, qui s'en declara Protecteur aprés la mort de ce grand Ministre; & enfin un autre de la Reine Christine de Suéde, qui venoit aux Assemblées, où elle faisoit paroître son génie extraordinaire pour toutes les belles choses.

Dans une Salle au travers de laquelle il faut passer pour y aller, on voit deux Modeles, que l'on a faits pour le grand Escalier du Louvre, dont le plus beau est du fameux Mansard, l'autre est de Mr. du Veau, celui-là même qui a donné le dessein des nouveaux Bâtimens de Vincennes, mais celui du premier l'emporte infiniment sur l'autre, en grandeur de goût & dans la hardiesse du dessein.

Dans le vieux Jeu de Paume qui est resté au milieu de la Cour, on travaille à un modele d'une Statuë du Roi à cheval, élevée sur un grand Rocher, avec des ennemis abatus à ses pieds, & quatre Fleuves dessus qui abandonnent leurs Urnes, épouvantez de voir ce grand Monarque arrivé au sommet de la gloire; on ne peut rien de plus grand que cét Ouvrage, & si on l'execute de la même maniere, re, on ne verra point en Europe un plus magnifique monument, il eſt du deſſein de Mr. Girardon.

LE GARDE-MEUBLE

SUr le bord de la riviere au coin de la ruë des Poulies, eſt le Garde-Meuble dans une vieille maiſon que l'on nommoit autrefois l'Hôtel du petit Bourbon, à cauſe que les *Princes* de cette Maiſon y demeuroient. Le dehors n'a rien de beau, & c'eſt dans ce lieu que l'on conſerve les meubles precieux de la Couronne, l'on y voit une quantité ſurprenante de Tapiſſeries antiques & modernes, il y en a que François premier a fait faire, dont les deſſeins ſont de Jule Romain, & qui ont été travaillées à Anvers par un Maître fameux de ce temps-là qui étoit en tres-grande reputation. Elles repreſentent les Actes des Apôtres, & l'Hiſtoire du grand Scipion. Le Roi en a fait faire beaucoup aux Gobelins, qui ſont enrichies d'or & d'argent ſur les deſſeins de Mr. le Brun, & il y en a un ſi grand nombre qu'on en peut compter juſques à vint-quatre mille aûnes, ſans comprendre un grand Tapis de pié d'ouvrage à la Turc, qui a été travaillé dans une Manufacture établie exprés au bout

du

du Cours de la Reine , que l'on nomme la
Savonnerie , & qui devoit étre de la longueur de la grande Galerie du Louvre ,
mais qui n'eſt pas encore achevé. Avec ces
choſes on voit pluſieurs Vazes de pierre
precieuſe, comme d'Agate, d'Aunix, de
Jade , de Cornaline , & de Criſtal de Roche , qui ſont admirables pour leur grandeur & pour la délicateſſe du travail, quelques branches de Corail , mais une entr'
autres tres grande, noire comme de l'é-
bene , ce qui eſt tres-rare ; des petits Cabinets de Criſtal de Roche & d'Ambre
garnis d'or & de pierreries ; mais ce qu'il
faut remarquer , eſt une grande Nef d'or
enrichie de diamans du plus bel ouvrage
du ſieur Balin, & que l'on eſtime cent
mille écus, aprés on peut voir la vaiſſelle
d'argent, compoſée de pluſieurs baſſins
où l'Hiſtoire du Roi eſt repreſentée en cizelure. Ils ſont ſi peſans , qu'il faut deux
hommes pour les porter ſur des Civieres
de même ouvrage & de même maniere. Il
y a des Tables , des Gueridons , des bordures de Miroir, des Luſtres extraordinairement grands, des Orangers, deux
grandes Cuves qui ont ſervi au Baptême
de Monſeigneur le Dauphin , des Girandoles , des Chenets, des Caſlolettes ou
des parfums, & generalement toutes ſortes de piéces d'orfevrerie , d'une peſanteur
& d'un ouvrage admirable , & dont la
quan-

tité est surprenante. Elle est presque toute du fameux Monsieur Balin, dont on a parlé ci-devant. C'étoit le premier homme de ce siécle pour le travail de l'argent : il est mort depuis cinq ou six ans. On montre aussi des Lits en broderie, tres-riches, avec quelques tentures d'Alcoves, de la même maniere. On verra encore dans le même lieu le Bufet de François premier, composé de quelques piéces de vermeil doré, assez bien travaillées. Dans une chambre particuliere on conserve quantité d'armes tres curieuses, de toutes façons, entr'autres, l'Armure que François premier avoit à la fameuse journée de Pavie ; où l'on voit sur la cuirasse les coups qu'il receut avant que de se rendre aux Espapagnols, à qui il vendit cherement sa liberté. Il y a aussi un Fusil dont la Ville de Paris a fait present à Monseigneur le Dauphin, & que l'on conserve à cause que c'est la premiere arme à feu, dont il a fait son essai. Enfin les Curieux & les avares trouveront ici dequoi se satisfaire : car outre la beauté singuliere du travail, on y voit une tres-grande quantité d'or & d'argent, qui est un tres-grand regal à ceux qui se laissent éblouïr à l'éclat du métal, plutôt qu'à la délicatesse de l'ouvrage. Depuis quelque temps le Roi a fait transporter à Versailles les plus belles piéces du Garde-Meuble ; cependant il en

reſte encore beaucoup qui meritent bien
d'étre veuës.

LE BALAIS DES
TULLERIES.

APrés avoir vû ces choſes il faut prendre le chemin du Palais des Tuilleries, qui régne le long du Jardin ſur une
même ligne. Il eſt compoſé aux extremitez, de deux gros Pavillons quarrez, ornez de Pilaſtres compoſites, & d'un gros
Pavillon en forme de Dôme au milieu;
ſous lequel eſt le Sallon & l'Eſcalier qui
conduit aux Appartemens. Il faut remarquer que le milieu de ce Bâtiment, à ſavoir
le gros Pavillon, les deux Terraſſes avec
les deux petits Pavillons qui les terminent,
ont êté élevez par les ſoins de Catherine de
Medicis, qui s'entendoit tres-bien en Architecture, comme on le voit par toutes
ces pieces qui ſont d'une tres-belle proportion, ſelon l'ordre Jonique & Corinthien, aux endroits où il a falu trois rangs
de colonnes avec un attique au deſſus. Elle ſe ſervit pour executer ſes deſſeins, de
Philibert de Lorme & de Jean Bulan, qui
étoient des premiers hommes de leur ſié-
cle. Le reſte du bâtiment a êté fait par Henri IV. & par Loüis XIV. qui de nos
jours

jeurs l'a fait reparer comme on le voit. Il
y avoit autrefois fous le Pavillon du milieu
un grand Efcalier, qui étoit une des plus
belles pieces qui fût au monde pour fa difpofition & pour la hardieffe furprenante
du trait dont le même Philibert de Lorme
avoit donné le deffein : mais on l'a renver-
fé au grand regret des Curieux, afin de
conferver à la Cour la belle veuë des Tuilleries, & pour ménager le grand Sallon ,
dont on avoit befoin pour l'appartement
du Roi, qui auffi bien que celui de la Reine, & celui de Monfeigneur le Dauphin
eft enrichi de peintures, où les plus habiles Maîtres de France ont travaillé. Dans
une Galerie qui regne le long de l'appartement du Roi, du côté de la Cour, on
verra plufieurs cabinets enrichis de Mi-
gnatures & de Cizelures tres-fines , avec
quelques Tables de pierres rapportées ,
qui font tres-belles , entr'autres une grande, fur laquelle une Salamandre eft reprefentée , qui étoit la Devife de François
premier : ce qui fait croire qu'elle lui a appartenu : il y en a auffi quelques-unes de
marbre de Sicile, d'une feule piece, dont la
couleur eft d'une varieté admirable. Cette Galerie a fouvent fervi aux Audiances
des Ambaffadeurs , & pour lors elle étoit
ornée de Tapifferies tres riches , & d'autres meubles precieux.

Dans les Salles d'en bas on conferve un
grand

grand nombre de Statuës antiques de marbre, & le Bust du Roi, que fit le Cavalier Bernin, lors qu'il vint de Rome exprés pour donner des desseins du Louvre. On y poura aussi voir des Plans en élevation, des plus fortes Places de l'Europe, que l'on a tirez avec tout le soin & toute l'exactitude possible.

L'autre moitié du bâtiment du côté de la ruë saint Honoré, contient la Chapelle qui n'est pas achevée, & le Theatre autrement nommé *la Salle des Machines*, où l'on representoit les Comedies devant toute la Cour, & dont Psyché a été la derniere, qui aprés plusieurs années de representation attiroit toûjours une foule d'admirateurs, & aprés laquelle est venuë d'Italie l'invention des Opera, qui ont fait cesser le recit serieux, melé de Musique, & d'entrées de Balet, pour faire place au Chant & à la Musique entiere sur quelque matiere que ce puisse étre. Ce Theatre est sans contredit le plus magnifique de l'Europe, sans en excepter même celui du Duc de Parme dont on fait tant de cas. L'on ne peut rien desirer de mieux disposé, chacun y peut voir & entendre fort commodement. L'espace qui est derriere pour les machines, a beaucoup d'étenduë. Pour les ornemens, on ne les a pas épargnez, tout est peint en marbre, & les Loges sont soûtenuës par des colonnes,

nes, dont les chapiteaux & les foubaffe-
mens font dorez, auffi bien que le plafon,
qui eft d'une tres-belle fculpture.

Les veuës de tout ce Palais font fur le
Jardin des Tuilleries, à qui il fert d'une
perfpective magnifique, en bornant agreablement toutes les allées par une face de
bâtiment de tres-belle architecture. Ce
Jardin eft à prefent un des plus reguliers
de l'Europe, quoi qu'il ne foit pas encore orné de Statuës & de Fontaines comme
il le fera quelque jour. Il y a un Theatre
découvert, qui a toutes les parties qui lui
font neceffaires, & determinées par les
Anciens, comme l'on voit dans ceux de
Rome. On y a planté des arbres qui font
le même effet que les decorations ordinai-
res. Il eft fort grand, & peut contenir
beaucoup de monde; de l'autre côté de la
grande allée, eft la Satuë de la Verité, é-
levée fur un grand pié-d'êtal, de la maniere d'un fameux Sculpteur, nommé
Villefranche, originaire de Cambrai.
C'eft Monfieur le Noftre, qui a donné le
deffein des Tuilleries, & qui conduit les
ouvrages merveilleux de Jardinage qui
font à Verfailles. Il ne faut pas manquer
d'aller voir fon cabinet qui eft tres-bien
garni de Tableaux & de Bufts de marbre,
qui la plufpart viennent d'Italie, entr'autres
on y diftinguera un Tableau de mediocre
grandeur, du Dominicain, qui reprefente

re Adam & Eve dans le Paradis Terreſtre; qui eſt eſtimé un des plus beaux morceaux de Paris.

Il faut remarquer que le vieux Louvre eſt joint au Palais des Tuilleries par la longue Galerie, qui regne le long de la riviere; dans le bout qui a été commencé autrefois. Il y a quelques peintures & quelques ornemens du deſſein de Monſieur Pouſſin, mais qui furent trouvez trop petits pour le lieu où ils ſont placez: ce qui fut cauſe que l'ouvrage demeura imparfait, comme il eſt. Le commencement de cette Galerie eſt de Philibert de Lorme, & le reſte de Metezeau, celui-là même qui entreprit la Digue de la Rochelle, qui fut la principale cauſe de la priſe de cette Ville rebelle. Voici un Epigramme que l'on fit en ſa faveur ſur ce ſujet.

*Hæretico palmam retulit Methezæus **ab** hoſte,*
Cum Rupellanas aggere cinxit aquas.
Dicitur Archimedes terram potuiſſe movere,
Æquora qui potuit ſiſtere, non minoreſt.

La Salle des Antiques ſe trouve ſous le bout de cette Galerie: elle eſt incruſtée de marbre, & pleine de Statuës antiques, des plus belles & des plus rares que l'on puiſſe voir. Le Roi les a fait graver toutes par Me-

Melan , & l'on en a deux grands Volumes *in folio* , auffi bien que des Tableaux dont on a parlé.

Les Appartemens qui font fous la Galerie , font occupez par diverfes perfonnes illuftres , qui travaillent pour le Roi , qui leur donne ces logemens.

L'Imprimerie Roïale y eft auffi , dont le fieur Mabre-Cramoifi eft le Directeur ; où il y a un petit cabinet tout rempli de Livres imprimez dans ce lieu.

Monfieur Silveftre , fameux Graveur , Mr. Melan dont on voit des gravures extraordinaires , Mr. Coepel Peintre , Mr. Herard , Mr. Valdor , y font logez. Mr. Caffini y a auffi une chambre , quoi qu'il demeure ordinairement dans l'Obfervatoire. Monfieur l'Abbé Siry fi connu à caufe des beaux Memoires Italiens qu'il nous a donné fur l'Hiftoire ; Mademoifelle Stella chez laquelle il y a de tres-beaux Tableaux du Pouffin ; Mr. Bain , fameux Emailleur , qui a trouvé le fecret de donner à l'émail le brillant & la beauté des pierres precieufes , & qui a entre fes mains un grand baffin d'or pour le Roi , orné de moulures fur les bords , & qui fera fans doute une tres-belle piece , quand il fera achevé , pour l'ouvrage & pour la matiere , car il reviendra à cent mille francs. Il fait ordinairement des boëtes à Montre , & divers ouvrages de cette forte.   Tout

Tome I.   **B**   pro-

proche eſt Mr. Boul , qui fait des Ouvrages de Marqueterie , extraordinairement
bien travaillez , & que les Curieux conſervent ſoigneuſemeut. Meſſieurs Sanſon ,
les fils du fameux Geographe , y ſont auſſi
logez , ils travaillent inceſſamment &
donnent de temps en temps quelque choſe
de nouveau ſur la Geographie.

Le Balancier du Roi eſt auſſi en cét endroit ; c'eſt où l'on fait les Médailles &
les Jettons d'or , d'argent & de cuivre. Mr.
l'Abbé Bizot , un des plus intelligens &
des plus habiles curieux de Paris , en a eu
la direction autrefois , aprés le fameux
Varin. L'on ne peut rien deſirer de plus
curieux que ſon Cabinet , qui eſt tout rempli de Tableaux , de Médailles antiques
& modernes , d'Agates , de figures de
bronze , de porcelaines & de mille autres
choſes de cette ſorte.

La petite Ecurie occupe le reſte : elle eſt
tres-longue , & remplie de fort beaux
Chevaux.

Saint Germain
L'Auxerrois.

ON peut dire ici quelque choſe de ſaint
Germain l'Auxerrois , la Paroiſſe
du Louvre. Elle eſt une des plus anciennes

de

de Paris, puis que Childebert en eſt le
Fondateur, auſſi bien que de ſaint Germain des Prez, qu'il dedia l'une & l'autre
à ſaint Vincent, parce qu'il y mit quelques
portions des Reliques de ce Saint, qu'il apporta d'Eſpagne. Il y a pour le jour des
grandes Fêtes, des ornemens magnifiques que la Reine-Mere a donnez, qui
ſont d'une étoffe d'or & d'argent tres-ri-
che, dont la Republique de Gennes avoit
fait preſent à cette illuſtre Reine, qui les
donna auſſi-tôt à cette Egliſe. Les autres
choſes les plus remarquables ſont la Tribune, du deſſein de Germain Pilon, qui
étoit eſtimé dans le ſiecle paſſé, pour le
plus habile homme de France, en ſculpture & en architecture; & la Chappelle
de Monſieur le Marquis de Roſteing, où
il y a des Buſts de marbre, de quelques
perſonnes illuſtres de cette Maiſon. Dans
la chambre où s'aſſemblent les Marguil-
liers, eſt une tres-belle Copie d'une Cene, de Leonard de Vinci, qui étoit autrefois dans l'Egliſe ſans que l'on en remar-
quât la beauté: mais quand on ſut que le
Cavalier Bernin l'avoit admirée, on la
mit auſſi-tôt dans cette chambre, afin de
la mieux conſerver. Les perſonnes les plus
conſiderables qui ſont enterrées dans cette
Egliſe, ſont Monſieur Seguin, qui en étoit
Doïen, & tres-ſavant dans la connoiſſance des Médailles; Joachim du Bellai, un

plus fameux Poëtes de fon temps ; Monfieur Varin y eſt auſſi, un des plus habiles
Graveurs en Médailles, que la France ait
eu ; Monfieur Balin , fameux Orfévre,
dont on a parlé : c'eſt lui qui a donné le
deſſein des beaux Ornemens,où les Hiſtoires de l'ancien & du nouveau Teſtament
font repreſentées dans des Cartouches d'un
travail admirable. On voit auſſi le Tombeau de Mademoifelle Silveſtre , repreſentée en peinture fur un marbre noir, appliqué fur un pilier derriere le Chœur, de
la maniere de Monfieur le Brun. Dans les
petites Chapelles on y pourra remarquer
quelques Tableaux de le Sueur, que les
Curieux eſtiment.

Il y a un Païſage en perſpective de Fran-
cifque, que l'on doit aller voir dans une
des Maiſons du Cloître.

Dans le grand eſpace qui eſt entre le
vieux Louvre & le Palais des Tuilleries,
font pluſieurs belles Maiſons , entr'an-
tres

L'HOTEL DE CREQUI, où de-
meure l'illuſtre Maréchal de ce nom;au dehors il ne paroit pas beaucoup, cependant
les dedans font fort propres, & l'Eſcalier
fur tout eſt d'un tres-beau deſſein. Dans la
ruë de faint Thomas du Louvre, eſt

L'HOTEL DE LONGUEVILLE,
autrefois l'Hôtel d'Epernon, à qui il manque une aîle toute entiere:ce qui eſt achevé,

vé , eft d'un fort beau deflein , principalement le Portail d'ordre Jonique , comme
tout le refte du bâtiment , qui meriteroit
une place au devant , pour lui donner plus
de veuë. Les appartemens en font commodes , & le Jardin agreable , quoi qu'il foit
enfermé de tous côtez.

Il ne faut pas négliger d'y voir dans une
des Chambres un Platon peint par Mr.
Mignard , que l'on eftime beaucoup.

Dans le Cul-de-Sac voifin eft la maifon
de Mr. de Guitri , qui eft tres jolie.

Dans la même ruë de faint Thomas eft
auffi

L'HOTEL DE MONTAUSIER,
que l'on nommoit auparavant l'Hôtel de
Ramboüillet , autrefois le fejour agreable
des Mufes , & qui fert encore aujourd'hui
de retraite & d'azile à tous les beaux ef-
prits , par la protection favorable que leur
donne Mr.le Duc de Montaufier,ci-devant
Gouverneur de Monfeigneur le Dauphin.

Aprés avoir fatisfait fa curiofité fur le
fujet du Louvre , où l'on peut encore obferver plufieurs chofes particulieres, qu'on
ne s'eft pas attaché de décrire , à caufe de
la longueur où cette defcription auroit en-
gagé , l'on doit commencer par l'endroit
le plus proche.

LE QUARTIER DE SAINT HONORE.

CE Quartier commence par la ruë de
ſaint Denis, où il y a d'abord une
belle ſuite de Maiſons bâties d'une même
ſymmetrie, par les ſoins des Chanoines de
ſaint Germain l'Auxerrois, qui en tirent
un revenu conſiderable. Cét endroit a été
élargi, ſur le Cimetiere des Saints Innocens, qui eſt derriere, dont on dit que les
Charniers qui ſont autour, ont été bâtis
des confiſcations que l'on fit, du bien des
Juifs, lors qu'ils furent chaſſez de Paris,
ſous le regne de Philippe Auguſte. Il n'eſt
peut-être point de lieu au monde, où il y
ait un plus grand nombre de corps enterrez ; ce qui fut cauſe que l'Ambaſſadeur
d'Eſpagne, qui étoit à Paris péndant la
Ligue, conſeilla aux Bourgeois, que la
famine preſſoit cruellement, de faire
broyer les os des morts de ce Cimetiere,
pour en faire du pain, mais ce conſeil ne
fut pas ſuivi, venant d'un Eſpagnol rail-
leur. Mr. de Mezerai, ſi connu des Sçavans à cauſe de ſa belle Hiſtoire de France, y eſt enterré. On voit dans ce lieu
une Pyramide, ornée de bas reliefs, fort
eſtimée, ſur laquelle il y a une Croix qui
fut élevée dans le ſiecle paſſé pendant
l'hor-

l'horrible confusion de la Ligue. Il y a aussi dans le même lieu un Squelette de l'ouvrage de Germain Pilon. Plus avant on trouve

LA CROIX DU TIROüER, où l'on dit que la Reine Brunehault fut traînée à la queuë d'une Cavalle indomtée, par l'ordre de Clotaire: mais cette Histoire n'est pas bien prouvée, & les Historiens font douter si cette Reine a été la plus illustre, ou la plus méchante de son siecle: car il s'en trouve autant qui disent du bien d'elle, que d'autres qui en disent du mal. Saint Gregoire le Grand, Pape, Gregoire de Tours, Fortunatus, Evêque de Poitiers, Paul Æmile, du Tillet, Evêque de Meaux, & Pasquier dans ses Recherches de la France lui donnent des loüanges. Ceux qui la condamnent, sont Aimoin, Gaguin, Ministre General des Mathurins, Belle-Forest, du Haillant & Vigner, dont les autoritez sont fortes dans l'Histoire; ainsi l'on auroit de la peine à prendre l'affirmative sur le sujet de cette grande Princesse, qui a fait parler d'elle plus qu'aucune Reine de France n'a peut-être jamais fait. Plus bas sont,

LES PERES DE L'ORATOIRE, qui occupent le lieu, où étoit autrefois l'Hôtel de Bouchages ; quoi que leur Eglise ne soit pas achevée, elle ne laisse pas pour cela d'être tres-belle, & d'un dessein fort regulier.

lier. Il y a fur leur grand Autel un Tabernacle d'un goût magnifique d'architecture, dont les colonnes font d'un marbre de Sicile admirable. C'eft un Dôme fort élevé, accompagné de quatre Portiques foutenus de fix colonnes compofites hors-d'œuvre, dont les ornemens font parfaitement bien menagez, & les proportions fort juftes. Une grande fabrique fur ce modele pouroit contenter les gens les plus difficiles en architecture. Le Cardinal de Berulle eft enterré dans une Chapelle, où l'on poura voir fon Tombeau, fur lequel il eft reprefenté en marbre blanc. Il a été leur Fondateur comme tout le monde fait. Ces Peres ont une tres-belle Biblioteque dans un lieu, à la verité, un peu obfcur ; mais cependant qui n'en eft pas moins curieufe, parce qu'elle contient un grand nombre d'excellens Volumes, imprimez & manufcrits, entre lefquels il y en a un bon nombre de Grecs & d'Arabes, qui leur ont été donnez par Monfieur de Sanci, Ambaffadeur de France à la Porte; qui dans tout le temps de fon Ambaffade fit une recherche exacte de tout ce qu'il y avoit de plus rare à Conftantinople, refté des Grecs, & que la barbarie des Turcs avoit épargné. Cette Biblioteque ne peut-être mieux qu'entre les mains de ces Peres, parce que parmi eux il eft fe trouve des

per-

perſonnes d'une tres-profonde doctrine, comme il paroît dans leurs Ouvrages qui ſont recherchez de tout ce qu'il y a de ſavans. On pourroit nommer ici le Pere le Cointe, & le Pere Senault, qui ont laiſſé tous deux de ſi beaux écrits ; l'un ſur l'Hiſtoire, & l'autre ſur la Philoſophie morale ; le Pere Malbranche, qui a fait la Recherche de la verité ; le Pere Thomaſſin, qui a donné la Diſcipline de l'Egliſe, en trois Volumes *in folio* ; le Pere Dubois, qui travaille encore, par l'ordre de Monſeigneur l'Archevêque, à l'Hiſtoire Eccleſiaſtique de Paris. Cette Congregation fournit encore les plus habiles Predicateurs. Monſieur l'Evêque d'Agen, qui faiſoit tant de bruit ſous le nom du Pere Maſcaron, dont les Sermons étoient courus avec empreſſement ; le Pere le Bouſt & le Pere Hubert qui a prêché un Careſme à Nôtre-Dame, avec un concours tres-grand, & l'année derniere à la Cour ; ſans parler du Pere Morin, & de quelques autres fameux qui vivoient il n'y a pas encore long-temps.

Au ſortir des Peres de l'Oratoire, en ſuivant toûjours la ruë ſaint Honoré, on doit entrer dans

LE PALAIS CARDINAL, que le peuple a nommé le *Palais Royal*, parce que le Roi y a été élevé. L'Hôtel de Silleri étoit autrefois dans la petite place,

eſt devant la porte que le Cardinal de Richelieu fit abatre , pour donner plus de
beauté à ſon Palais , qu'il faiſoit bâtir ſur
les deſſeins du ſieur Mercier , & qui eût
été un tres-habile Architecte , s'il eût donné un peu plus d'élevation à ſes Bâtimens;
auſſi c'eſt la ſeule choſe qui manque à celui-ci , qui du reſte eſt tres-commode. Il
eſt compoſé de deux Cours quarrées, dont
la premiere & la plus petite eſt entourée
de Bâtimens ; & la ſeconde eſt ſeparée du
Jardin par une ſuite d'Arcades qui ſoûtiennent une Galerie découverte , qui
joint les deux aîles. Au travers de ces Arcades , qui ſont fermées de grilles de fer ,
on voit le Jardin , dreſſé par Monſieur le
Noſtre, ſur le modele des Tuilleries. Pour
les Appartemens , ils ſont beaux & fort
commodes , & toute la Cour y a long-
temps logé pendant la Regence. Il faut
voir ſur tout la Galerie où le Cardinal de
Richelieu a fait peindre tous les hommes
illuſtres de France , depuis Suger , Abbé
de ſaint Denis , juſqu'à ſon miniſtere,
c'eſt à dire , de l'Hiſtoire de France , depuis Loüis le Jeune , juſqu'au regne de
Loüis X I I I. Monſieur le Duc d'Orleans
y demeure à preſent , quoi qu'il apparti-
enne encore au Roi , à qui le Cardinal de
Richelieu le laiſſa par ſon Teſtament, avec
cinq cens mille écus , & la belle tenture de
Tapiſſerie , que l'on expoſe à la grande
Fête de Dieu.   Il

Il ne faut pas oublier d’aller voir le Cabinet de Monsieur le Chevalier de Loraine, où il y a des Tableaux tres-curieux, des meilleurs Maitres. Il est proche du Jardin, ce qui ne contribuë pas peu à sa beauté.

Dans une Salle de ce Palais est le Theatre, où l’on represente les Opera du fameux Mr. de Lulli, qui attirent tous les jours une foule de personnes qui aiment la Musique. On ne donne point en Europe de plus agreables Spectacles, soit pour la Dance, soit pour la Symphonie, ou enfin pour la singularité des habits : mais ce que l’on doit considerer davantage, est l’accord merveilleux de la Musique Françoise avec l’Italienne, qui avoit été regardée auparavant comme une chose impossible, & où cependant cét Auteur a tres-bien réüssi, aussi le goût du siecle a sû recompenser son genie extraordinaire, car il tire un tres-grand profit de la representation de ses Piéces, dont les Vers sont ordinairement de Monsieur Quinault, de l’Academie Françoise. Monsieur Corneille le Jeune y a aussi travaillé, & c’est lui qui a fait Bellerophon. En continuant son chemin, on trouve

L’HOPITAL DES QUINZE-VINTS, que saint Louis fit bâtir autrefois pour trois cens Gentils-hommes aveugles, qu’il ramena de la Terre Sain-

re, où ils avoient perdu la veuë en com-
batant contre les Sarazins. Sur la porte
de l'Eglise de cét Hôpital, il y a une Statuë
de ce Saint Roi, quoi que mal faite, qui
lui reſſemble tres-bien, à ce que preten-
dent les Antiquaires. Plus avant dans la
même ruë eſt

SAINT ROCH, qui eſt la Paroiſ-
ſe de tout ce Quartier, où il y a un tres-
beau Crucifix de Monſieur Anguerre.

LE COUVENT DES JACOBINS eſt
un peu plus haut, où il n'y a pas de grandes curioſitez, ſi ce n'eſt la Biblioteque,
qui eſt une des plus jolies de Paris.

On pourra voir enſuite le Portail, d'Ordre Jonique, de la maiſon de Monſieur
Puſſort, Conſeiller d'Etat, bâti nouvellement, avec un attique au deſſus, dans
lequel ſont les armes du Maître du logis.
C'eſt un morceau d'architecture d'un tres-
bon goût. La maiſon au dedans eſt belle,
ſur tout du côté du Jardin, qui eſt tres-
beau & tres-agreable.

LE COUVENT DES FEUILLANS,
ſe trouve fort proche du même côté. Henri III. les fit venir du Languedoc, au nombre de ſoixante, avec le Bien-heureux
Jean de la Barriere, Auteur de la Reforme
de l'Ordre de ſaint Bernard. D'abord ils
logerent au Bois de Vincennes, en attendant que cette maiſon qu'on leur bâtiſſoit,
fût achevée. La grande Porte qui donne
ſur

sur la ruë saint Honoré , est nouvellement
bâtie : elle est composée de quatre colonnes Corinthiennes , qui soûtiennent un
Fronton, où sont les Armes de France. La
premiere Cour qui sert comme de Parvis
à l'Eglise , est fort jolie, & le bâtiment qui
est sur la Porte par où l'on entre , n'est pas
mal ordonné. Le Portail de l'Eglise est
un des plus reguliers de tout Paris, & c'est
le premier coup d'essai de Monsieur Mansard. Il y a deux Ordres de colonnes Joniques & Corinthiennes, canelées & accompagnées d'ornemens. Dans l'Eglise
il y a quelques Chapelles assez belles , entre autres celle de Mr. le Marquis de Rostaing, embelie à peu prés comme celle de
saint Germain l'Auxerrois, avec des colonnes & des Busts de marbre. A côté du
grand Autel on trouvera un Tombeau à
l'antique , de marbre blanc , où il y a une
grande Urne de même , tres-bien travaillée. Quoi qu'il soit sans Epitaphe , on
juge par les armes qui sont sur le devant,
qu'il appartient à l'illustre Maison de Rohan. Le Chœur où chantent les Religieux,
derriere le grand Autel , est orné de Tableaux qui representent les principales
actions de la Vie de nôtre Seigneur.

Ces Peres ont des Ornemens magnifiques , qui leur ont été donnez, aussi bien
que leur argenterie , par des personnes de
consideration. Ils ont une Biblioteque qui

n'est

n'eſt pas des plus nombreuſes : mais cependant où il y a des Livres curieux. Dans leur Cloitre on verra des peintures qui repreſentent la Vie de ſaint Bernard, leur Inſtituteur. Parmi ces Religieux il y a des Predicateurs celebres, comme le R. P. Dom Coſme, à preſent Evêque de Lombez ; le R. P. Hieroſme, & quelques autres. On paſſera enſuite devant les Capucins, où il n'y a rien de remarquable, pour aller voir

LES FILLES DE L'ASSOMPTION. Ces Religieuſes demeuroient autrefois dans la ruë de la Mortellerie, où elles étoient Hoſpitalieres ſous le nom d'Haudriettes, à cauſe qu'un certain Etienne Haudry, Ecuyer du Roi ſaint Loüis, les avoit fondées en ce lieu, pour ſervir & pour héberger les pauvres malades, comme diſent les Hiſtoriens : mais ſe trouvant trop preſſées dans cette ruë, elles ſont venuës ſe loger en cét endroit, où elles ont changé de nom en changeant de ſituation. Depuis quelques années elles ont fait élever de grands bàtimens, & ſur tout leur Egliſe, qui eſt un Dôme ou Coupole à la Romaine, fort élevé ſans aucuns accompagnemens, dont le dedans eſt orné de grands pilaſtres Corinthiens, qui ſoûtiennent une corniche, ſur laquelle eſt un rang de croiſées, entre leſquelles il y a des Tableaux de la Vie de la ſainte Vierge, ge, aſſez bien peints : mais le Plafon du Dôme eſt ce qu'il faut remarquer, qui eſt de Mr. de la Foſſe. il repreſente une Aſſomtion avec pluſieurs Anges, qui ſuivent & qui enlevent la ſainte Vierge, d'une hardieſſe & d'une diſpoſition la plus belle du monde. On doit regarder cette Piece comme une des plus achevées de Paris. Le Chœur des Religieuſes eſt aſſez beau, mais on a de la peine à le voir, à cauſe de la grande grille qui le ſepare de l'Egliſe, qui n'eſt pas mal copiée ſur celle du Val-de-Grace. En ſortant il faut regarder le Portique ſoûtenu ſur huit colonnes Corinthiennes avec un Fronton & une Corniche, dont les ſculptures ne ſont pas encore achevées. Tout ce bâtiment eſt du deſſein de Mr. Herard, Directeur de l'Academie des Peintres, que le Roi entretient à Rome.

Aprés cette courſe l'on ne doit pas aller plus loin, car il n'y a rien de conſiderable dans le Faux-bourg de ſaint Honoré, ſi ce n'eſt l'Atelier de Monſieur Anguerre, où il y a quelques ouvrages de ſculpture, & la Pepiniere où l'on voit au Printemps de tres belles Fleurs : elle appartient ou Roi qui l'a fait faire, afin de fournir aux Tuilleries toutes les Fleurs, dont on a beſoin pour garnir les Parterres. Il y a auſſi un grand nombre d'Orangers, qui ſont tres-bien entretenus.

De

Devant les Filles de l'Aſſomption, eſt
L'HOTEL DE LUXEMBOURG,
qui appartient à Monſieur le Maréchal de
Luxembourg, qui y demeure, dont le
Jardin eſt fort agreable.   En-ſuite ſont
LES CAPUCINES, qui ont été
fondées par Henri I V. ſuivant la pieuſe
intention de Louïſe de Loraine, Veuve
de Henri III.   Elles vivent d'une maniere
tres-auſtere.   A côté de leur porte l'on a
bâti une Fontaine, ſur laquelle ſont ces
deux Vers de Monſieur de Santeüil.

TOT LOCA SACRA INTER

PURA EST QUÆ LABI-

TUR UNDA,

HANC NON IMPURO, QUIS-

QUIS ES, ORE BIBAS. 1674.

L'HOTEL DE VENDOME eſt
aprés, qui occupe un long eſpace ſur la
ruë.   Il a été bâti par le Duc de Vendôme, Fils naturel de Henri IV. qui y a toûjours demeuré.   A preſent il n'eſt pas ha-
bité.   Le dedans eſt fort beau, & la face
du grand Eſcalier qui eſt du deſſein de M.
Manſard, eſt ornée de pluſieurs colonnes,
qui en entrant font un bel effet. Le Jardin
eſt grand : mais il eſt negligé, comme
tout le reſte de la Maiſon. Mr. le Duc de
Ven-

Vendôme, Gouverneur de Provence, &
Petit-Fils de celui dont on vient de parler,
demeure à prefent dans le Temple, avec
Mr. le Grand Prieur de France, fon Frere.

La ruë S. Honoré parcouruë, il faut
prendre le Quartier le plus proche, qui eft
celui de la Butte faint Roch.

LE QUARTIER DE LA BUT-TE SAINT ROCH

POur voir ce Quartier de fuite, on peut
commencer par la ruë de Richelieu : en
entrant on trouvera d'abord à main droite

LE PALAIS BRION.

LE peuple le nomme ainfi, à caufe que
Monfieur le Duc d'Amville, Comte
de Brion, y a demeuré quelque temps.
Ce bâtiment fait une partie du Palais Royal, & a été commencé par le Cardinal
de Richelieu, qui l'avoit deftiné pour y
mettre fa Biblioteque. Le Roi depuis
quelques années y a logé deux Academies,
celle de Peinture, & celle d'Architecture.
La premiere fut établie par Mr. des No-
yers, fous la direction de M. de Chambrai,
frere de M. de Chant-Loup, duquel on voit
d'excellens Ouvrages imprimez, entre autres, *le Paralelle de l'Architecture ancienne
avec la moderne, le Palladio traduit en François*

çois, &c. Cette Academie fut rétablie
par Monſieur le Chancelier Seguier, à la
mort duquel on fit un ſi beau Catafalque
aux Peres de l'Oratoire, aux dépens de
cette Compagnie, comme à leur Protecteur : Monſieur Colbert lui ſucceda en
cette Charge, & à l'affection qu'il lui
portoit. Tous les jours on expoſe un
homme nud, qui eſt le modele, que les
jeunes Ecoliers deſſinent, pour apprendre de la Nature même le grand Art de la
Peinture, qui demande une étude tres-
aſſiduë. La grande Salle, où s'aſſemblent ceux qui la compoſent, eſt remplie
de quantité de Tableaux des plus habiles
Maitres de cette Academie, de toutes les
Pieces qui ont merité le prix, que l'on
diſtribuë pour donner de l'émulation aux
jeunes Peintres ; & de celles qui ont ſervi
de Chef-d'œuvre à ceux qui y ont voulu
être reçus. Les Portraits & les Buſts de
quelques perſonnes qui ont contribué à
ſon établiſſement, y ſont auſſi. Comme
la Peinture n'eſt pas la ſeule choſe que l'on
y exerce, & que la Sculpture en eſt auſſi ;
l'on a fait venir de Rome des modeles en
plâtre des plus belles Statuës antiques ;
comme de la Flore, de l'Hercule Farne-
ze, de la Vénus Medicis, des Athletes, &
de quelques autres. On y verra auſſi des
bas-reliefs, des Sculpteurs qui ſe ſont di-
ſtinguez d'entre les autres. Voici les
noms

noms de ceux qui compofent à prefent cette Academie.

Monfieur le Brun , Efcuyer , premier Peintre du Roi , Chancelier & principal Recteur de l'Academie.

Recteurs.

M. Anguier , Peintre.
M. Girardon , Sculpteur.

Ajoints à Recteurs.

M. de Séve l'aîné, P.
M. Desjardins, S.

Confeillers Profeffeurs.

M. Beaubrun , P. Profeffeur & Treforier.
M. Buifter , S.
M. Mauperché , P.
M. Buiret , S.
M. Coyel , P.

Profeffeurs.

M. Regnaudin , S.
M. Paillet , P.
M. de Séve , P.
M. Blanchard , P.

M. de

M. De la Fosse, P.
M. Lehongre, S.
M. Coyzevaux, S.
M. Houasse, P.
M. Tuby, S.
M. Audran, P.
M. Jouvenet, P.
M. Montaigne, P.

Ajoints à Professeurs.

M. Corneille l'aîné, P.
M. Rabon, S.
M. Monier, P.
M. Massou, S.
M. Verdier, P.
M. Licherye, P.
M. De Nameur, **P.**

Professeurs en Geometrie, Perspective, & Anatomie.

M. Leclerc Graveur, Professeur en Geo-
metrie & Perspective.
M. Friquet, P. Professeur en Anatomie.

Conseillers.

M. Rousselet, G.
M. Yvart, P.
M. Tortebat, P.
M. Rabon, P.

M. Sil-

M. Silvestre, G.
M. Edelinck, G.
M. Baptiste Monoyé, P.
M. Herault, P.
M. Vandermeulin, P.
M. Audran, G.
M. Guerin. Secretaire.
M. De S. Georges, Historiographe.
M. Joblo, Aide à Professeur en Geo-
    metrie,
M. Le Maire, P.
M. Vleugels, P.
M. Valet, G.
M. Picard, G.
M. Huilliot, P.
M. Genoelle, P.
M. Legros, S.
M. Mainer, S.
M. Vignon, P.
M. Mazeline, S.
M. Hallier, P.
M. Garnier, P.
M. Bourguignon, P.
M. Mignard, P.
M. Lalemant, P.
M. Cotelle, P.
M. Armand, P.
M. Baudet, G.
M. Nocret, P.
M. De Trois, P.
M. Corneille, P.
M. Bonnemer, P.

M. Fa-

M. Facus, P.
M. Tiger, P.
M. Lambert, P.
M. Le Comte, S.
M. De Fredemontagne, P.
M. Lefpingola, S.
M. Natié, P.
M. Cheron, P.
M. Paroffel, P.
M. De la Mare Richard, P.
M. Boulogne, P.
M. Allegrein, P.
M. Poir, G.
M. Maffon, G.
M. Manier fils, S.
M. Flamand, S.
M. Vancleve, S.
M. Vanbecq, P.
M. Rabon fils, P.
M. Beville, P.
M. Cornu, S.
M. Boulongne le jeune, P.
M. Le Blon, P.
M. Toutin, P.
M. Coypel fils, P.
M. Benoift, P.
M. Arnoul, P.
M. Giffard, G.
M. Perfon, P.
M. Alexandre, P.
M. Prou, S.
M. Carré, P.

M. Hal-

M. Hallé, P.
M. Lemoine, P. Decorateur.

Dans une Galerie baſſe l'on conſerve quantité de Buſts & de Statuës antiques, que le Roi a fait venir d'Italie. Il y en a un nombre tres-conſiderable, qui ſont rangez ſur des degrez en maniere d'Amphi-theatre. Dans le même lieu il y a un modele en plâtre, de la belle colonne que le Senat & le Peuple Romain conſacrerent à la memoire de l'Empereur Trajan ; qui eſt le plus beau monument reſté de l'ancienne grandeur de Rome, où l'on connoit le mieux la perfection où les Anciens avoient porté le Deſſein. Le Roi l'a fait tirer avec une dépenſe tres-grande, & il en a coûté prés de deux cens mille francs. François premier avoit fait la même choſe, dans le deſſein d'en faire élever une de même à Fontainebleau : mais la mort l'ayant prevenu, les creux furent ſi negligez que l'on s'en ſervit pour bâtir une Écurie. Mr. Felibien a le ſoin de ces choſes, & de les placer dans la ſituation qui leur convient. Perſonne ne s'y entend mieux que lui, comme on le peut connoitre par les beaux Ouvrages qu'il a donnez. On dira dans ſon lieu combien les Sçavans lui ſont obligez, des Livres dont il a enrichi la Republique des Lettres, comme du Dictionnaire des Arts, de la vie des Peintres, qu'il

a

a fait en quatre Volumes, parfaitement bien écrits, sans lesquels on n'auroit presque rien en nôtre Langue sur ce sujet, & plusieurs Pieces détachées sur divers sujets d'Architecture & de Peinture.

La seconde Academie logée dans le Palais Brion, qui occupe les appartemens, qui sont au fond de la cour, est celle d'Architecture, que le Roi a établie en 1671. & qu'il a mise sous l'autorité du Sur-Intendant des Bâtimens, dont l'illustre Monsieur Blondel est le Directeur, qui a eu l'honneur d'enseigner les Mathematiques à Monseigr. le Dauphin, & duquel on parlera plus au long, lors qu'on fera la description de son Cabinet, qui est un des plus beaux de Paris, C'est aussi lui qui donne des Leçons publiques d'Architecture dans ce même lieu. La Salle où s'assemblent ceux qui la composent, est ornée de desseins curieux, & on y distinguera entre les autres le modele que le Cavalier Bernin fit du Louvre, lors que le Roi le fit venir exprés de Rome pour ce sujet.

Au milieu de la Cour, on a placé un Cheval de bronze, un peu plus grand que le naturel ; que le Roi a fait venir de Nancy. Il est élevé sur un piÉ d'estal, en attendant qu'on le mette dans un lieu plus exposé à la veuë du Public.

En sortant de ce lieu, il faut aller chez Monsieur de la Fosse, qui demeure
vis-

vis-à-vis, où l'on verra des ouvrages de Peinture de sa maniere, que l'on estime beaucoup.

Il faut remarquer en poursuivant son chemin, que la ruë de Richelieu pour sa longueur, & pour la beauté des maisons qui sont toutes bâties sur une même ligne, est une des plus belles & des plus regulieres de Paris. Elle prend son nom du grand Cardinal de Richelieu, parce qu'il l'a fit augmenter sous son ministere considerablement, & qu'il fit élever la Porte du bout qui mene hors la Ville, du côté de Montmartre. Dans la même ruë ces Vers sont gravez sur une Fontaine, qui sont aussi de M. de Santeüil.

QUI QUONDAM TENUIT
MAGNUM MODERAMEN
AQUARUM,
RICHELIUS FONTI PLAU-
DERET IPSE NOVO. 1674.

Plus avant est la maison de M. Mignard. Il a chez lui des choses qui satisferont les curieux. Ensuite on doit aller à

L'HOTEL DE JARZ, qui porte le nom d'un Commandeur de Malte, qui l'a fait bâtir aprés en avoir acheté la place, de l'Abbé de Saint Victor, qui en étoit le seigneur. C'est un des Ouvrages de Monsieur Mansard, où il paroît le plus de

Tome I.   C   dessein.

deſſein. La porte eſt de bon goût, & l'Eſcalier eſt fort éclairé, ce qui le rend agreable : les appartemens ſont grands & fort
élevez : mais à dire le vrai, ils ne ſont
pas ſi commodes qu'ils ſont beaux. Du
côté du Jardin il y a deux petits Cabinets,
ſoûtenus ſur des colonnes avec beaucoup
d'art & d'induſtrie, mais trop petits pour
la groſſeur des colonnes, qui les ſoûtiennent. Tout joignant eſt

L'HOTEL DE LOUVOIS. Il y
a bien des choſes à conſiderer dans cette
maiſon ; mais ſur tout l'Eſcalier & la Salle d'audiance. Pour les appartemens ils
ſont des mieux diſpoſez, & on ne peut
guere deſirer de plus beaux meubles, que
ceux qui y ſont. Les riches Tapiſſeries, les
Luſtres, les Tables, les Miroirs d'argent,
les Lits en broderie, & enfin tout ce qui
contribuë à la magnificence & à la propreté, s'y voit ordonné d'une tres-belle maniere. La face du bâtiment du côté du
Jardin, & du côté de la cour, ſe répon-
dent bien, & ſont toutes deux d'une belle ſymetrie. On ne doit pas negliger de
voir en paſſant, les ſerrures des portes
qui ſont fort bien travaillées & entrete-
nuës avec tant de ſoin, qu'il ſemble qu'elles ſoient d'argent.

Vis-a-vis de cét Hôtel eſt une longue
Galerie, où étoit autrefois la Biblioteque
du Cardinal Mazarin, qui eſt à preſent
dans

dans le College des quatre Nations ; l'Ecurie êtoit deſſous.　Monſieur le Duc de Nevers occupe des chambres qui ſont à l'extremité, où il y a quelques Plafons aſſez bien peints.　On a depuis peu rompu cette Galerie pour faire place à une ruë, qui perce de la ruë Vivien dans celle de Richelieu, à laquelle on a donné le nom de Mr. Colbert.

Au bout de la ruë de Richelieu on entre dans la ruë de St. Auguſtin, ainſi nommé du nom des Religieux de ce Saint, autrement appellez les Petits Peres, qui ſont au bout, & qui en occupent une partie.

Il y a dans cette ruë de tres-belles maiſons, vis-à-vis les Filles de ſaint Thomas, le ſieur Douilly Receveur de la Generalité de Poitiers, en a fait bâtir une depuis trois ou quatre ans, où il a dépenſé cent mille écus.　On peut dire auſſi qu'il n'y manque rien, qu'un peu d'étendüe : mais il étoit impoſſible de lui en donner davantage, parce qu'elle ſe trouve enfermée entre les Petits-Peres & la ruë Vivien : au reſte tout en eſt beau, l'Eſcalier eſt fort grand ; & la porte taillée en vouſſure eſt d'une tres-belle proportion.　On ne dit rien des meubles, parce qu'il eſt facile de s'imaginer qu'une maiſon d'une ſi grande apparence, en eſt ſuffiſamment garnie, & que la beauté du dedans répond à celle du dehors.　Dans la même ruë eſt

L'HOTEL DE GRAMONT.

Cette maison a long-temps passé pour une des plus belles de Paris. Elle appartenoit autrefois au sieur Monerot, qui n'épargnoit rien pour la rendre superbe. Elle a conservé sa beauté, car il y a encore des meubles magnifiques: depuis qu'elle appartient à Monsieur le Duc de Gramont, la veüe est du côté de Montmartre, ce qui lui donne beaucoup d'agrement.

L'HOTEL DE GRANCE', qui est proche, n'est pas si magnifique, mais il est fort commode & fort agreable, à cause de son Jardin qui étoit un des plus propres de Paris, du vivant du Maréchal de ce nom. Cét Hôtel a appartenu au sieur Thevenin, qui étoit un homme fort curieux.

LA MAISON DU S. COTTE-BLANCHE, n'est pas éloignée: on y voyoit autrefois une fort belle Biblioteque, & elle étoit ornée de plusieurs beaux meubles, & de Tableaux fort curieux : mais le Maître ayant changé de fortune, toutes ces belles choses ont été dispersées.

LA MAISON DE M. FREMONT, & quelques autres, qui ont la veüe de la Campagne, ne sont pas desagreables.

LA MAISON DE M. BOIS-FRANC, Intendant de Monsieur le Duc d'Orleans, qui est vis-à vis, est une des plus achevées que l'on puisse voir. La face du côté de la

cour

cour eſt d'une tres grande regularité ornée
dans le fond d'une maniere de portique,
dont les colonnes ſont Ioniques, avec des
Vaſes au deſſus, entourés de Feſtons &
d'autres ornemens ; ce qui arrête en entrant agreablement la veüe. Autour de la
cour il y a des Buſts d'Empereurs, placez
entre les Arcades qui ſoûtiennent le bâtiment. L'Eſcalier eſt tres-grand, avec une
Baluſtrade de bois peint en marbre blanc,
travaillée avec beaucoup de deſſein. Les
bas-reliefs qui ſont ſur les portes des apar-
temens, quoi qu'ils ne ſoient que de plâtre,
ne laiſſent pas de donner beaucoup d'ornement. Il y a auſſi dans cette maiſon un
Cabinet de Livres tres-bien choiſis. En
ſortant il ne faut pas negliger de remarquer la grande porte, qui eſt tres-bien mé-
nagée ſur un plan fort bizare.

La Rue Vivien.

IL y a dans cette ruë pluſieurs grandes
Maiſons : celle où demeure Monſieur
Deſmarais, Intendant des Finances, & Neveu de Monſieur Colbert, merite entre
autres d'être conſiderée ; mais ſur tout

LE CABINET DU ROI.

LA maison où il est, n'a qu'une fort commune apparence, & au dehors on auroit de la peine à croire qu'elle contienne tant de belles choses.

Premierement, on y conserve la Biblioteque du Roi, qui êtoit autrefois à Fontainebleau, que Charles V. avoit commencée, & qui a été augmentée par François premier, & par Catherine de Medicis. Mais depuis quelque temps on l'a rendu bien plus nombreuse, puis qu'à present on y conte plus de cinquante mille Volumes, entre lesquels il s'y trouve douze ou quinze mille Manuscrits Hebreux, Grecs, Arabes, Syriaques, Latins, François, & presque de toutes les Langues. Pour des Livres imprimez il n'y en a point de quelque rareté qu'ils puissent être, dont on ne trouve quelque exemplaire. L'on y voit des Manuscrits tres-anciens de saint Cyprien, que Catherine de Medicis apporta de Florence, avec d'autres Livres tres-rares, qu'elle tira de la fameuse Biblioteque de Laurent de Medicis. Il y en a encore d'autres sur l'Histoire de France, que l'on a conservés avec beaucoup de soin, & dont on a fait une recherche toute particuliere. Monsieur le Duc de Béthu-

ne

ne en a fourni une quantité tres-confiderable, touchant les plus importantes Negotiations qui fe font faites depuis François premier, jufqu'au miniftere du Cardinal de Richelieu. Tous ces Volumes font
parfaitement bien reliez en Maroquin de
Levant, de couleur de feu, dorez fur tran-
che, avec les Armes du Roi fur la couver-
ture. Les Eftampes y ont aufli leur place. On en conferve plufieurs grands Volumes, qui ont été aflemblez par Monfr.
l'Abbé de Marolles, le plus curieux de fon
fiecle dans ces fortes de chofes. Tous les
Maitres font rangez par Clafle, les Italiens,
les Flamans, les Hollandois, & les François; & on peut fans beaucoup de peine
étudier leurs manieres, & obferver la difference des goûts de ces Maitres, qui font
parvenus à la perfection de la Peinture, par
des routes fort differentes. Pour des Miniatures, il y en a quelques Volumes antiques, tres-bien confervez, dans lefquels
on peut remarquer la fingularité des habits de nos Ancêtres, & leur bizare imagination pour le deflein: mais ce qu'il y a
de plus beau dans ce genre, ce font plufieurs Recüeils d'Animaux & de Plantes,
deflinez fur le Velin, aprés nature, par
Monfieur Robert, qui a long temps travaillé pour rendre cét ouvrage en l'état
où il eft. Enfuite on verra un fort grand
Volume *in folio*, où il y a de toutes fortes

C 4

de

de Poiſſons marins , dont les Etats d'Hol-
lande firent preſent au Cardinal Mazarin ,
après une lorgue Negotiation', où ce Miniſtre leur avoit rendu quelque bon office.
On l'a mis après ſa mort dans ce Cabinet.
Enfin on peut trouver dans cette Biblio-
que tout ce que l'on peut deſirer ſur quelque ſujet que ce puiſſe être : Monſieur le
Prieur de Nogent le Rotrou, fils de Monſieur Colbert , en eſt le Bibliotequaire,
& M. Carcavi en eſt Gardien.   M. Clement eſt ſous lui , qui a le ſoin de mettre
les Livres dans l'ordre où ils ſont & d'en
conſerver le Catalogue.

Les Livres ne ſont pas les ſeules curioſitez que l'on voit dans ce lieu ; les Médailles
en font une des plus belles parties.   Il y
en a de toutes les façons , antiques & modernes , & on en conte juſqu'à vint mille : il eſt certain qu'il n'y en a pas en Italie un amas plus conſiderable.   Elles ſont
arangées ſelon l'ordre des temps, dans des
petis Cabinets de bois de Cedre , ſur des
Tiroirs dorez avec propreté ; la ſuite Gre-
que du bas Empire eſt ſi complete. que
le ſçavant M. du Cange a compoſé deſſus
ſon Hiſtoire Bizantine , le dernier Volume qu'il a donné.   Pour les modernes ,
toutes celles qui ſe peuvent trouver, non
ſeulement des Papes, des Rois, des Princes d'Allemagne , & d'Italie, mais de
quelque Nation que ce puiſſe être , y
ſont;

font ; même jusqu'à des Jettons, dont on
conserve un grand nombre, qui marquent
quelque évenement d'Histoire. Il y a aussi
un grand nombre de belles Agates antiques, entre autres une qui represente le
grand Constantin, couronné de Laurier, extraordinairement rare par la varieté de ses
couleurs, par sa grandeur, outre qu'elle est
du temps de cét Empereur comme en conviennent generalement tous les Antiquaires. Il y en a encore beaucoup d'autres
qui representent diverses choses particulieres.

Mais une des plus belles & des plus singulieres raretez de ce Cabinet au sentiment de tout le monde, est le Tombeau
de Childeric, quatriéme Roi de France, qui
vivoit en 458. auquel Clovis succeda. On
découvrit ce Monument à Tournai en
l'année 1653. lors qu'on fut obligé de creuser la terre proche l'Eglise Cathedrale, dans
un vieux Cimetiere, pour jetter les fondemens d'une Sacristie que l'on vouloit
bâtir ; on trouva d'abord le squelette d'un
Cheval, & puis tout proche, une longue pierre en maniere de Tombe, que les
Ouvriers furent obligez de casser pour la
tirer ; mais ils furent bien surpris de voir
dessous, les os d'un homme arangez selon
leur situation naturelle. La curiosité les
poussa à examiner la chose de plus près,
& enfin ils trouverent parmi ces osse-

C 5

mens

mens quantité de Médailles d'or, Greques,
du bas Empire avec un grand nombre de
Mouches de même, dont les aîles étoient
à demi ouvertes & enrichies de Cornali-
nes. Le bruit de cette découverte se répan-
dit bien-tôt par toute la Ville, & les Chanoines de l'Eglise Cathedrale y vinrent
pour sçavoir ce que ce pouvoit être ; enfin avec ces choses on trouva encore une
espece d'agrafe, une grosse boucle, & la
tête d'un Bœuf aussi d'or, qui êtoit ap-
paramment le Simulacre de la Divinité que
l'on adoroit en ce temps-là. Il y avoit
aussi une épée, dont la garniture êtoit de
même : mais ce qui fit reconnoître que
c'étoit effectivement le Tombeau du Roi
Childeric, fut une bague d'or, sur laquelle êtoit gravée en creux une tête avec
ces mots.

SIGILLUM CHILDERICI REGIS.

On ne dit pas qu'il y avoit encore des
Tablettes avec une éguille d'or, le fer d'u-
ne hache d'armes presque tout consumé de
roüille, avec une boule de Cristal, grosse
environ comme un œuf, qui avoit servi
dans sa maladie à lui rafraîchir la bouche,
ou à quelque autre usage inconnu dans ce
siecle. Toutes ces choses furent recüeilles
avec un soin extréme, & l'Archiduc qui
pour lors êtoit Gouverneur des Païs-Bas,
ayant appris cette découverte, voulut avoir

ce precieux Monument, pour le mettre dans son Cabinet. Les Chanoines de Tournai ne purent lui refuser : mais enfin ce Prince étant mort, l'Empereur en eut la possession. L'Electeur de Cologne avoit fait tout son possible pour le tirer des mains de l'Archiduc. Aprés sa mort, il le demanda à l'Empereur, qui le lui envoya aussitôt qu'il le put avoir. Il en fit present au Roi, qui l'a fait mettre dans son Cabinet, où l'on le conserve comme un monument de la haute Antiquité de la Monarchie Françoise, & de l'origine des Fleurs de Lis, contre ce qu'en a écrit Chiflet dans son *Anastasis Childerici*, auquel Monsieur de saint Amant a tres-bien répondu pour lui faire voir, que ces Mouches que l'on trouva dans ce Tombeau, étoient des Fleurs de Lis, & non pas des Abeilles, comme cét Auteur le pretendoit.

Sous M. Carcavi, dont on a déja parlé, M. Vaillant est employé pour les Médailles, qui a été plusieurs fois au Levant pour en chercher. Il a donné depuis quelques années au Public une Histoire du Royaume des Seleucides, en Latin, tirée des Médailles de ce Cabinet : ce qui fait voir qu'il possede cette science à fond : il a même rendu de tres-grands services aux Sçavans, en leur expliquant de certaines choses, qu'ils auroient eu de la peine à déchiffrer sans son secours. On verra encore sur la cheminée ; quelques Antiquitez, comme des Lacrimatoires, dont les Anciens se servoient pour recüeillir les larmes de ceux qui pleuroient aux funerailles, & qu'ils enfermoient dans les Tombeaux ; des lampes, des petites Idoles, & plusieurs choses de cette sorte.

L'Academie des Sciences pour laquelle le Roi a fait bâtir l'observatoire, s'assemble dans cette maison. Il en sera parlé en son lieu, les Sçavans qui la composent, travaillent à la recherche des choses naturelles, & aux Mathematiques ; comme ce sont des personnes d'une science extraordinaire, on ne sera pas fâché de sçavoir leurs noms, que voici.

M. Duclos, Physicien.
M. Carcavi, Mathematicien.
M. Huguens, M.
M. Blondel, M.
M. Perault, P.
M. du Hamel, Secretaire de l'Academie.
M. l'Abbé Gallois, M.
M. Mariotte, M.
M. Cassini M.
M. du Vernay, P.
M. Bourdelin, Chymiste.
M. Dodart, P.
M. Borelli, M.
M. de la Hire, M.
M. Pothenot, M.

M. Sedi-

M. Sedileau , M.
M. l'Abbé de Lanion , M.
M. Couplet , M.

Voici les noms de ceux qui font morts depuis environ 1666. qu'elle fut établie par Monfieur Colbert, par les follicitations de M. Duclos & de l'Abbé du Bourzay.

M. de la Chambre , P.
M. Frenicle , M.
M. Pequet , P.
M. Roberval , P.
M. l'Abbé Picard , M.
M. Gaïen , P.
M. Marchand , P.

Il y a dans leur Salle un grand Miroir d'acier, qui fait des effets furprenans , lors qu'il eft expofé au Soleil. Dans un Cabinet tout proche , il y a une Momie que l'on a apportée d'Egypte ; mais depuis quelque temps on ne la laiffe plus voir , à caufe qu'elle eft rompuë.

Toutes ces Salles font remplies de Livres en blanc , que les Auteurs font obligez de donner pour obtenir leurs Privileges , ce qui fait que tous les jours le nombre en augmente.

LA RUE DES PETITS-CHAMPS.

DE la ruë Vivien dont on vient de parler, il faut aller dans la ruë des Petits-Champs, qui est au bout. La premiere chose que l'on y trouve de remarquable en commençant par la ruë St. Honoré, est

L'HOTEL DE LA VRILLIERE, où demeure Monsieur de la Vrilliere, de Château-Neuf, un des quatre Secretaires d'Etat. Cét Hôtel est un des plus beaux de Paris, & des mieux exposez à la veuë ; à cause que la ruë des Fossez est vis-à-vis. La porte, qui est soûtenuë de colonnes Doriques, avec deux grandes Statuës assises sur les pié-d'étaux, qui sont au dessus. Le devant du logis est en terrasse, qui joint les deux aîles. La Cour est parfaitement quarrée, & la face du bâtiment a toute la beauté, que l'on peut desirer, les ornemens qui y sont, étant distribuez avec une proportion tres-juste. Pour les appartemens outre qu'ils sont ornez de dorure & de Sculpture, les meubles en sont magnifiques ; entre autres on y voit une tenture de Tapisserie, qui represente les douze Mois de l'Année, d'un dessein tres-singulier. La Galerie est remplie d'excellens Ta-

Tableaux, des plus habiles Maitres. Il y en a un du Baſſan qui eſt fort eſtimé, que tous les Curieux admirent. Cette belle maiſon eſt du deſſein de François Manſard. *Preſque vis-à-vis eſt.*

L'HOTEL D'EMERI, où Monſieur Fouquet a demeuré quelque temps, & aprés lui Monſieur le Marêchal de Turenne : c'eſt une des plus logeables maiſons, qui ſe trouve ; M. Perrault Controleur des Bâtimens, en occupe une partie qu'il a fait accommoder fort proprement.

L'HOTEL DE SENETERRE, eſt enſuite. Il a cela de particulier, qu'il eſt de tous côtez entourré de ruës. Il eſt vaſte & commode, & le Jardin fort agreable, le ſieur le Févre d'Orleans en a été l'Architecte. Les meubles avec cela en ſont magnifiques. En ſuivant toûjours la même ruë on verra

L'HOTEL COLBERT, où demeuroit deffunt Monſieur Colbert, Miniſtre & Secretaire d'Etat, & Controleur general des Finances. Il paroit dans cette maiſon une tres-grande regularité avec un bon goût tout particulier. La Cour eſt quarrée & les bâtimens ſont d'une propreté, qu'on ne trouve guere ailleurs. Les appartemens ſont diſpoſez avec un diſcernement merveilleux : mais ce qui ſe diſtingue le plus, eſt la porte du côté de la cour, qui eſt coupée en vouſſure d'une

ma-

maniere tres - sçavante , avec un buſt du
Roi , dans le fond, de la main du Cavalier
Bernin. Cette piece eſt dans ſon genre une
des plus belles & des mieux entenduës,que
l'on puiſſe voir. La Biblioteque ne fait pas
un des moindres ornemens de cet Hôtel,
elle eſt une des plus belles que nous aïons
à preſent , par le nombre des Livres qui
la compoſent , & principalement à cauſe
d'une quantité tres - conſiderable de Manuſcrits, que l'on ne trouve point ailleurs.
Il y a entre autres une Bible tres-ancienne
du temps de l'Empereur Charles le Chau-
ve, avec une grande quantité de Volumes
des Negociations de Monſieur le Cardinal
Mazarin , qui occupent tout le bout de la
Galerie du côté du logis. Monſr. l'Abbé
Baluze en eſt le Bibliotequaire ; ce ſçavant homme eſt ſi connu par toute l'Europe , qu'il n'eſt pas neceſſaire de faire ici ſon
éloge. Il a mis au jour des Ouvrages qui
marquent aſſez ſa profonde érudition, entre autres , *Capitularia Regum Francorum* ,
en trois Volumes *in folio*, quelques ſçavan-
tes Diſſertations ſur des ſujets conteſtez,&
enfin des pieces que le temps avoit cachées,
& qu'il déterre tous les jours , avec une
étude tres-grande, pour les donner au public ſous le nom de *Miſcellanea* , qu'il ac-
compagne de Prefaces, qui inſtruiſent de
la vie & du merite des Auteurs , de qui elles viennent. Il tire la pluſpart de ces belles

les choſes des Manuſcrits de cette Biblioteque.

L'HOTEL DE BOUILLON LA
MARQ eſt à côté ; on l'a joint à l'Hôtel
Colbert, depuis quelque temps, & comme
il a été rebâti depuis peu , il eſt beaucoup
plus commode & plus propre, qu'il n'étoit
auparavant.

LA MAISON DE M. DE ME-
NARS , Maître des Requêtes , & Intendant de Juſtice dans la Generalité de Paris,
eſt dans la même ſuite , du côté de la ruë
du Mail : on y peut voir la fameuſe Biblioteque de Meſſieurs de Thou. Le nom des
illuſtres Maîtres à qui elle a appartenu ,
doit inſpirer de l'eſtime & de la curioſité ,
& par le catalogue que l'on a imprimé on
peut facilement juger qu'elle eſt nom-
breuſe , & remplie de Livres rares. M.
Queſnel, qui en a le ſoin, lui a donné tout
l'ordre qu'elle pouvoit deſirer , & elle n'a
rien perdu de la beauté & de la reputation
qu'elle avoit , lors qu'elle appartenoit à
Meſſieurs de Thou, & même on fait eſpe-
rer qu'elle ſera publique , comme elle a
été autrefois. En reprenant la route de la
ruë des Petits-Champs, on ira voir

LE PALAIS MAZARIN. Il n'y a point
de lieu dans Paris, où il y ait plus de curioſitez, ni qui ſoit rempli d'une plus grande
quantité de meubles pretieux , que celui-
ci. La face du logis du côté de la cour,

eſt

est de brique & de pierre de Taille, avec deux Statuës de marbre blanc, qui font un bel effet en entrant. L'Escalier à main droite, conduit aux appartemens, qui font composez de plusieurs chambres, dont les Plafons font ornez de dorures & de peintures des meilleurs Maitres du temps. Pour des meubles, on y en voit par tout de magnifiques, & dont on change à chaque saison de l'année. Toute l'orfevrie d'une de ces chambres consiste dans un grand Lustre, des Chenets & quelques autres pieces, qui font du dessein du fameux Cavalier Bernin ; ce que les Curieux estiment infiniment plus que le métal, dont elles font fabriquées. Après avoir passé plusieurs autres chambres de plein pié, tenduës de riches Tapisseries rehaussées d'or & d'argent, on entre dans une longue Galerie, remplie de chaque côté de Cabinets garnis de pierreries & cizelures d'or & d'argent, qui font sur des tables de marbre, ou de pieces rapportées. On y verra aussi des Vafes de jaspe & d'albastre, de diverses grandeurs, avec de petites Statuës de bronze, d'un travail exquis. Le plancher de cette Galerie est couvert d'un Tapis de Turquie, tout d'une piece, d'une longueur extraordinaire. Les appartemens d'en bas ne font pas moins magnifiques, toutes les Salles qui le composent, font pleines de Cabinets d'Alema-
gne,

gne , & de la Chine , avec des Coffres de
vernis du Japon , d'une legereté & d'une
odeur admirable. Il y a outre cela un grand
nombre de Statuës de marbre que l'on a
fait venir d'Italie , avec une dépence extraordinaire. Sur une table de ces salles on
remarquera une petite figure de même
matiere , haute environ d'un demi-pié ,
qui represente une Cibelle qui tient un Livre à sa main, que l'on estime beaucoup.

Dans une autre chambre qui est proche,
il y a de grandes tables de porphire & de
marbre , la Galerie basse & le Sallon par
où on doit entrer pour y passer , sont aussi
remplies de Busts & de Statuës antiques.
Cette Galerie est de la même longueur ,
que celle dont on a déja parlé : enfin on ne
sçauroit trouver ensemble une plus grande
varieté de belles choses , des Orloges , des
Pendules extraordinaires, des Statuës d'argent & de vermeil doré, des Vases de même matiere , & en grand nombre. Le
jour de la Fête-Dieu l'on expose une partie des riches Tapisseries de cette Hôtel , &
il y en a suffisamment pour tendre une ruë
presque entiere.

Devant la porte on met les belles Hous-
ses en broderie d'or & d'argent , que le
Cardinal Mazarin fit faire pour les ceremonies du Mariage du Roi : elles font d'u-
ne magnificence surprenante : celles des
Mulets & des Chevaux de main sont bro-
dées

dées fur du velours rouge avec les Armes
de la Maifon au milieu, & des Devifes
aux coins, accompagnées d'ornemens :
enfin on ne fçauroit dire tout ce qu'il y a
de beau & de riche dans ce magnifique Palais.   Plus avant eft

LA MAISON DE MONSIEUR DE
SAINT POUANGE , qui appartenoit
auparavant à Monfieur de Bechamel, Marquis de Nointel. Elle eft tres-bien bâtie, les
dedans font d'une propreté extraordinaire,
auffi bien que le jardin & l'efcalier, qui
font des plus beaux de Paris : mais ce qu'il
faut remarquer , eft la belle Perfpective
peinte par le fieur Rouffeau, fur un des
murs de la cour : elle eft dans fon genre la
plus belle chofe du Royaume, & on ne voit
rien qui fatisfaffe plus agreablement la
veuë, que la magnifique Architecture qui
y eft reprefentée.   On trouve enfuite

L'HOTEL DE LIONNE , que feu
Monfieur de Lionne, Marquis de Berni, Secretaire d'Etat, fit bâtir de fond en comble. Il fe fervit du fieur le Veau Architecte
du Roi. A prefent Monfieur le Maréchal de
Villeroi & Monfieur le Duc fon fils y de-
meurent. Les dehors de cét Hôtel font d'u-
ne tres-belle ordonnance , ornez d'Architecture. Les dedans font fort commodes,
& le jardin qui eft derriere, donne un tres-
bon air à cette maifon.   On avoit refolu
d'y bâtir une Biblioteque ; mais la mort
du

du Maître arrivée un peu trop-tôt, a empêché que ce deſſein n'ait été executé.

Il y a fort proche une grande maiſon nouvellement bâtie, qui fait le coin de la ruë de Sainte Anne, qui appartient à Monſieur de Grand-maiſon, ci-devant Treſorier de l'Extraordinaire des Guerres, qui n'a rien épargné pour la rendre belle, comme elle eſt.

La maiſon du ſieur Batiſte de Lully dont on a parlé au ſujet de l'Opera, eſt preſque vis-à-vis, elle eſt ornée au dehors de grands pilaſtres Corinthiens.

DANS LA RUE SAINTE ANNE

SOnt les nouvelles Converties, dont la maiſon a été bâtie depuis dix ou douze ans, des liberalités de quelques perſonnes de qualité, entr'autres, du fameux Monſieur de Turenne, pour y loger les familles qui embraſſent nôtre Religion ; leur Egliſe eſt petite, & il n'y a rien de curieux à y remarquer.

LE COUVENT DES PETITS-PERES eſt dans ce quartier, à l'extremité de la ruë Saint Auguſtin. Le Roi Loüis XIII. en a été le Fondateur, & même leur a donné dequoi commencer le bâtiment de leur Egliſe, qui n'eſt pas achevée. Il n'y a rien à voir chez eux. Sur la Fontaine qui eſt à leur porte, on lit cette Inſcription.

QUÆ

QUÆ DAT AQUAS, SAXO
LATET HOSPITA NYM-
PHA SUB IMO.
SIC TU CUM DEDERIS DO-
NA, LATERE VELIS.
M. DC. LXXXIV.

DANS la ruë des Foſſez, qui eſt fort proche, eſt

L'HOTEL DE POMPONE, où demeure Monſieur de Pompone, ci-devant Secretaire d'Etat. C'étoit auparavant l'Hôtel de l'Hôpital, qui appartenoit à Monſieur le Maréchal de ce nom.

Sans beaucoup s'éloigner des lieux, dont on vient de parler, il faut aller à

L'HOTEL DE SOISSONS. Cét Hôtel appartient à Madame la Princeſſe de Carignan, & à Madame la Ducheſſe de Nemours, toutes deux heritieres de feu Monſieur le Comte de Soiſſons, Loüis de Bourbon, Prince du Sang. Catherine de Medicis le fit bâtir pour s'y retirer aprés la mort de ſon mari Henri ſecond ; & y demeura long-temps pendant ſon veuvage. Les dehors en ſont aſſez ſimples ; cependant les appartemens ſont beaux & tres-bien ornez. Le jardin eſt un des grands de Paris, & garni de beaux orangers. Il y a une groſſe colonne élevée dans un des

coins

coins de la cour , qui a un petit efcalier ,
pratiqué dans fon épaiffeur , à l'imitation
de la Colonne Trajane à Rome. L'on dit
qu'elle a été bâtie par Catherine de Medicis , qui étoit tres-fçavante en Aftrologie,
& qui y montoit fouvent pour faire des
Obfervations. Le long des murs de cét
Hôtel , eft la Chapelle qui ne fert qu'à
ceux de cette maifon ; elle eft nommée la
Chapelle de la Reine, à caufe qu'elle a été
élevée en même-temps que le refte du bâtiment, & que Catherine de Medicis y venoit fouvent entendre la Meffe en public,
tout proche eft la ruë de Grenelle, où eft

L'HOTEL SEGUIER. C'étoit
autrefois l'Hôtel de Bellegarde, que le Duc
de ce nom avoit fait bâtir , lors qu'il étoit
grand Ecuyer de France, fous Henri IV.
qui l'employa en de grandes Negotiations,
& qui l'envoya à Florence pour fon Mariage avec Marie de Medicis. Monfieur le
Chancelier Seguier l'augmenta confiderablement auffi-tôt qu'il y vint loger , &
c'eft lui qui a fait élever la belle galerie ,
qui occupe un des côtez du jardin. Les
dedans en font tres-beaux , & la menuiferie eft une des mieux travaillées , que l'on
puiffe defirer ; tout eft doré & garni de tableaux du fieur Voëte , que l'on eftimoit
dans fon temps pour un bon Peintre. Il y
a auffi des païfages de la maniere de quelques autres bons Maîtres , qui font admirables.

rables. Ce qu'il y avoit de remarquable
dans cette galerie pendant la vie de Monsr.
le Chancelier , êtoit un grand nombre de
porcelaines,qui regnoient tout au tour sur
la corniche , & qui faisoient le plus bel effet du monde. Il auroit été difficile d'en
trouver dans un autre endroit une plus
grande quantité, & de mieux choisies. Il
y avoit aussi des Cabinets qui êtoient entre
la croisée d'un côté & d'autre : au bout de
cette galerie on entre à main gauche dans
une chambre qui êtoit richement tapissée,
où l'on voyoit plusieurs pieces d'orfevrerie tres-grandes ; entr'autres une grande
bordure fort bien travaillée , où êtoit le
portrait de feu Monsieur le Chancelier,
peint par Monsieur le Brun.

On y pouvoit aussi remarquer un Cabinet d'ebene, enrichi d'agates antiques, qui
representoient des têtes d'Empereurs , &
dans un petit Cabinet tout proche , un
nombre d'animaux tres-considerable en
vazes & en tableaux,des meilleurs Maîtres
d'Italie , & de ceux que l'on faisoit à Li-
moges dans le siecle passé. Madame la
Chanceliere qui est morte depuis peu , a-
voit un Cabinet de Christaux des plus cu-
rieusement taillés, avec un grand nombre
de montres & d'orloges, enrichies de pierreries. Il y avoit en Europe peu de maisons
où il y eût une plus grande quantité de
vaisselle d'argent. On y pouvoit voir un

ferservice de vermeil doré tres-magnifique, dont toutes les pieces étoient d'une grandeur & d'un travail tout-à-fait extraordinaire : mais ce qui faisoit le plus bel ornement de cette magnifique maison, étoit la nombreuse Biblioteque, estimée prés de deux cens mille francs, qui avoit été commencée par Monsieur le Président Seguier, qui la laissa par testament à Monsieur le Chancelier son neveu. Elle étoit sur la galerie dont on a parlé. L'on ne dira pas qu'elle étoit remplie de livres tres-curieux, il est facile de se l'imaginer, puis qu'elle avoit été amassée par le plus habile homme de ce siecle ; & pour tout dire, par celui que l'Academie Françoise choisit pour son Protecteur aprés la mort du grand Cardinal de Richelieu, & dans l'Hôtel de qui elle s'est assemblée jusqu'à ce que le Roi l'ait logée au Louvre, où elle est à present : il y avoit un grand nombre de manuscrits tres rares, citez par les Auteurs qui s'en font servis dans leurs Ouvrages, & quelque jour l'on en pourra voir le Catalogue qui n'a pas paru jusqu'à present; mais ce ne sera que lors que l'Inventaire se fera, & quand tous ces beaux Livres qui ont été assemblés avec tant de peine pendant plusieurs années, par les plus grands Hommes de leurs temps, seront vendus en public, & dispersez à tous ceux qui y voudront mettre le prix qu'on en demandera. Voilà l'état où se

trouvoit cét Hôtel pendant la vie de Monsieur le Chancelier Seguier , qui a occupé
cette grande Charge l'espace de plusieurs
années , avec un applaudissement univer-
sel , & pendant des temps tres - difficil-
les.

Au bout de la ruë de Grenelle, on trouve
LA RUE PLATRIERE, dans
laquelle il y a deux belles maisons.

Celle de Monsieur DE BULLION,
& celle de feu Monsieur D'HERVAL,
Controleur general des Finances.   Cette
derniere a êté bâtie avec beaucoup de soin;
on y voit des peintures de Monsieur Mignard,& un lit avec des meubles tout-a-fait
riches, elle est dans l'endroit où étoient autrefois les Ecuries de l'Hôtel d'Epernon.

Dans la ruë Coquéron au bout de la ruë
du Bouloy est
L'HOTEL DE GESURES, dont
les dehors sont propres, & les meubles fort
beaux; il appartenoit autrefois à Monsieur
de Fontenay-Mareüil, si connu par ses fameuses Ambassades , & sur tout par celle
de Rome.

Plus avant est la maison du sieur Mon-
ginot , bâtie seulement depuis quatre ou
cinq ans,où il a fait de la dépense. Elle est
d'une tres grande apparence du côté de la
cour,& les appartemens disposez en enfila-
des , sont magnifiquement meublés de tapisseries,de chenets d'argent, avec des gar-
nitu-

nitures de cheminée de même : tout enfin y eſt d'une tres grande propreté, & rien n'y manqueroit ſi l'eſcalier avoit un peu plus de jour ; mais dans la diſpoſition où il eſt, il a été impoſſible de lui en donner davantage.

L'EGLISE DE SAINT EUSTACHE.

CEtte Egliſe étoit ſeulement autrefois une petite Chapelle dediée à Sainte Agnes, qui dépendoit du Chapitre de S. Germain l'Auxerrois. Le bâtiment, comme l'on le voit, fut commencé en l'année 1521. & la premiere pierre fut miſe par le Prevôt de Paris, nommé Jean de la Barre. Il eſt à preſent le plus grand & le plus ſpacieux du Royaume : la grandeur de toute la Fabrique, le nombre des piliers qui ſont à la verité un peu trop preſſez, & la hauteur des voutes, avec les Chapelles, qui ſont tout autour ; ces choſes enſemble rendent cét édifice magnifique. Entr'autres choſes, les deux Chapelles, qui ſont de chaque côté de la grande porte, doivent être regardées, l'une eſt deſtinée pour le Batême, peinte par Monſieur Mignard, & l'autre pour le Mariage, par Monſieur de la Foſſe. Monſieur Colbert a contribué à leur embelliſſement. Dans celle où l'on marie, eſt le mo-

dele

dele du grand Portail qui doit être élevé devant cette Eglise. Il sera d'une dépence tres-
considerable. La Chaire du Predicateur est
assez bien travaillée, mais cependant elle
n'approche pas de celle de S. Etienne du
Mont, que l'on a voulu imiter.   Il y a au
dessus un grand tableau qui represente
l'Apparition de Nôtre Seigneur, que Monsieur Colbert a donné, comme il paroît par
ses Armes, qui sont au bas ; qui est de la
maniere de Monsieur le Brun.   A un des
piliers de la Nef en entrant à main gauche, on voit un grand bas-relief de marbre
blanc sur un fond noir qui est l'Epitaphe
du fameux Monsieur de la Chambre, si cé-
lebre par ses beaux écrits, qui est representé
dans un Medaillon, que tient l'Immortalité, & pour le designer & le mieux faire connoître, il y a un Cartel au dessus où sont
gravez ces mots tirez de l'Ecriture.

SPES ILLORUM IMMORTA-

LITATE PLENA EST.

Cette belle piece est du sieur Batiste Tur-
ci, qui l'a fait d'aprés un dessein de Monsieur le Brun.   Les autres choses qui sont
dans cette Eglise sont de peu de consideration
tion.   Monsieur le Chancelier Seguier &
Monsieur de Bullion Sur-Intendant des
Finances, sous le ministere du Cardinal de
Richelieu, ont contribué à sa perfection :
Monsieur de la Mothe le Vayer, Precepteur

de

de Monſieur, ſi connu par ſes rares écrits, Monſieur l'Abbé de Bourſay de l'Academie Françoiſe, y ſont enterrez.

DAns la ruë Coquilliere aſſez proche de Saint Euſtache eſt la maiſon de Monſieur Berrier, Secretaire du Conſeil ; dans le jardin de laquelle on a trouvé le buſt de Cybele, dont on a parlé, la porte qui n'a pas une grande apparence au dehors, eſt d'une beauté ſinguliere au dedans, ornée de Pilaſtres Corinthiens, d'un goût admirable. Le garde des Sceaux de Chateau-neuf y a demeuré.

Voilà les choſes principales que l'on peut voir dans ce quartier.

LA RUE MONTMARTRE eſt derriere Saint Euſtache : preſque à l'extremité de cette ruë, eſt la petite Egliſe de Saint Joſeph, dans le cimétiere de laquelle eſt enterré le fameux Moliere, ſi celebre à cauſe de ſes Comedies.

LA HALLE eſt proche, c'eſt un lieu que l'on doit éviter à cauſe des embarras continuels qui y ſont. On y faiſoit autrefois juſtice, comme on fait à preſent à la Gréve ; & on lit dans l'Hiſtoire de Charles VI. que le Prevôt de Paris, nommé Montaigu, qui étoit auſſi grand Treſorier, y eut la tête tranchée, au grand regret des Pariſiens, par la brigue du Duc de Bourgogne, quoi que

ce fût un fort homme de bien. Mais le Roi
aïant horreur d'une si cruelle injustice,
qui s'étoit faite en son nom dans le temps
qu'il avoit l'esprit aliené, rehabilita sa memoire, & toute sa famille ; & les Celestins
de Paris, auxquels il avoit donné son Château de Marcoussy, l'allerent détacher du
Gibet de Monfaucon, quatre mois aprés
sa mort, & lui ayant fait une pompe funebre des plus magnifiques, ils le porte-
rent à Marcoussy, où ils lui dresserent un
Tombeau, que l'on voit encore à present ;
ce qui fut un rare exemple de reconnoissance & de generosité pour des Moines, à ce
que dit Juvenal des Ursins, Archevêque de Reims, Historien fidele de ce Re-
gne-là.

Proche la ruë Montorgüeil est L'HO-
TEL DE BOURGOGNE, que les anciens Ducs de ce nom donnerent à la Confrerie de la passion, qui se tient dans l'E-
glise de l'Hôpital de la Trinité, dans la
Ruë saint Denis, à la charge que l'on y
representeroit des Pieces de Devotion :
mais depuis ce temps-là le goût étant
changé, on y a introduit les Pieces profa-
nes : & à present les Comediens Italiens en
sont en possession, depuis la réünion des
deux Troupes Françoises ; que le Roi fit
il y a trois ou quatre ans. Ce Theatre est
peut-être un des plus anciens de l'Europe ;
car on croit qu'il y a six cens ans qu'on y

donne

donne des Spectacles. Autrefois la Comedie n'étoit representée que par des
Troupes errantes de Pelerins du St. Sepulchre de Jerusalem, que l'on nomma depuis
Jongleurs, qui n'aïant aucune refidence af-
furée faifoient aux coins des ruës le recit
des avantures qu'ils avoient eu dans leurs
Voyages, & le peuple touché des dangers
qu'ils avoient encourus, leur faifoient des
aumônes confiderables. Comme on trouvoit quelque forte de plaifir à les entendre
parler, les anciens Ducs de Bourgogne
leur donnerent une Salle dans leur Hôtel,
où tout le monde venoit les entendre plus
commodement; mais dans la fuite ces Pieces de devotion degenererent en Pieces
prophanes, & devinrent en effet fi prophà-
nes, que ce n'étoit plus que des Farces & des
reprefentations fort déreglées ; de forte
que le Chriftianifme ne pouvoit plus hon-
nêtement les fouffrir. Cela dura pendant
la groffiereté de ces fiecles : & c'eft ce qui
donne encore lieu à ceux qui ne favent pas
la difference qu'il y a de cette ancienne Comedie avec celle qu'on nous reprefente aujourd'hui, de les confondre indifferem-
ment. Cependant par les foins du grand
Cardinal de Richelieu, la Comedie a tel-
lement changé de face, qu'il n'y refte plus
rien de ce qui la faifoit autrefois condam-
ner.

D 4   La

LA ruë Mont-martre eſt jointe à la
ruë Montorgüeil par diverſes ruës,
mais la principale eſt LA RUE DE
CLERI, où eſt la maiſon de MONSIEUR
BERTELOT, Intendant de la Maiſon de
Madame la Dauphine.   Elle eſt compoſée de deux Cours,qui ſe joignent d'un deſſein fort particulier : les meubles en ſont
tres-beaux.

Celle du SIEUR ROLLAND, bâtie
ſur les deſſeins de Monſieur des Argues,
fameux Architecte, eſt fort proche.   Par
le dehors on juge aiſément qu'elle appartient à un homme qui ſe connoît en belles
choſes : mais les dedans & la face du bâtiment du côté de la cour ſurpaſſent tout le
reſte, l'on ne peut rien de plus regulier, ni
de mieux proportionné que l'Eſcalier, qui
eſt ſur un plan fort bizare, & où l'Architecte a eu beſoin de toute ſon étude pour
rêüſſir comme il a fait.

Voilà tout ce qu'il y a dans ce Quartier:
ſi on y remarque encore quelques autres
choſes, dont on n'ait point parlé, c'eſt
qu'elles ont paru de ſi peu de conſideration,
qu'on n'a pas jugé à propos d'en faire
mention.   Enſuite on doit aller à

La

LA RUE SAINT DENIS.

CEtte ruë commence au grand Châte-let, qui eſt au bout du Pont au Chan-ge, comme on a déja dit. C'eſt dans ce lieu où l'on rend la juſtice civile & crimi-nelle de la Ville & Prevôté de Paris. Cette Juriſdiction eſt à preſent diviſée en deux parties, ſelon le cours de la Riviere, qui la ſepare en ancien & nouveau Châtelet ; & cela eſt cauſe que les Officiers ont cha-cun leur diſtrict particulier.

La grande Boucherie qui eſt proche, eſt la plus ancienne de tout Paris; même au-trefois elle êtoit la ſeule. Elle appartenoit à une Communauté de Bourgeois, qui fai-ſoient une eſpece de petite Republique, ſéparée entre-eux, qui avoient beaucoup de credit & d'autorité parmi les Habitans: ſouvent même il eſt arrivé de grands de-ſordres par le mécontentement de ces gens-là, qui ſuivoient la paſſion des factieux ſous le regne de Charles VI. A preſent l'on a réüni cette Boucherie au Do-maine. Plus avant eſt

L'HOPITAL DES FILLES DE SAINTE CATHERINE, dont les Religieuſes logent une nuit les pauvres filles qui ſont ſans condition. Elles ſont auſſi obligées de faire enterrer les corps de ceux que l'on trouve

D 5

morts

morts en divers endroits ; & que l'on expose quelques jours au Châtelet pour être
reconnus.

L'EGLISE DE SAINTE OPPOR-
TUNE est fort proche : c'étoit autrefois
un Prieuré de Filles, dépendant de l'Abbaye
d'Almanéche en Normandie, dans le Dio-
cese de Séez : mais à present c'est une Eglise Collegiale, où il y a huit ou dix Chanoines, qui y font l'Office.   En poursuivant
le même chemin, on trouvera

LA FONTAINE DES SAINTS INNOCENS.

CEtte Fontaine fait le coin de la ruë aux
Fèrs , qui est pleine de Marchands
d'étoffe de soïe.   Elle est l'admiration de
tout ce qu'il y a de sçavans en Architecture, & en Sculpture, & sans doute elle est une
des plus belles choses que l'on puisse voir,
à cause des Basses tailles, qui sont d'un
dessein & d'une execution la plus sçavante
du monde. La plûpart represente des Nym-
phes dans diverses situations , qui versent
de l'eau de leurs urnes.   Le Chevalier Bernin qui étoit d'un goût assez difficile,
admira cét Ouvrage, & confessa qu'il
n'avoit rien vû de si beau dans toute la
France. Elle est du fameux Jean Gougeon,
qui

qui l'acheva en l'année 1550. On y voit cette Inscription au deſſous.

FONTIUM NYMPHIS.

L'EGLISE DU SEPULCHRE eſt un peu plus haut ; elle a été bâtie pour les Pelerins du Saint Sepulchre de Jeruſalem, qu'on y logeoit autrefois quelques jours. A preſent c'eſt une Egliſe Collegiale, dont les Chanoines ſont à la Collation du Chapitre de Nôtre-Dame. L'Autel eſt d'une tres belle Menuiſerie, & le Tableau qui eſt deſſus, dont Monſieur Colbert a fait preſent, eſt de Monſieur le Brun.

S. LEU, S. GILLES. Cette Egliſe ſe trouve un peu aprés, on verra dans une des Chapelles le Tombeau de la Mere de feu Monſieur le premier Preſident de Lamoignon ; qui eſt d'un tres-beau travail en marbre, du deſſein de Mr. Girardon, avec un bas-relief, que l'on eſtime beaucoup. Le Tableau du grand Autel eſt auſſi fort eſtimé, à cauſe qu'il eſt du Porbus, Peintre celebre.

L'HOPITAL DE S. JACQUES eſt un peu plus haut, & de l'autre côté de la ruë, il a été fondé des liberalitez de quelques Bourgeois, qui en demanderent la permiſſion à Loüis Hutin en 1315. Il étoit autrefois deſtiné pour loger les Voyageurs, qui paſſoient pour aller à Saint Jac-

ques en Galice. A preſent le revenu eſt
appliqué aux Invalides.

On ne dit rien de L'HOPITAL DE LA
TRINITE, ni de l'Egliſe de S. SAUVEUR,
parce qu'il n'y a rien de curieux, non plus
qu'aux FILLES PENITENTES, & aux
FILLES-DIEU, qui ont été bâties & fondées par Saint Loüis : chez ces dernieres
on pourra voir le grand Autel, qu'elles ont
fait élever depuis peu, ſur le deſſein de celui de Saint Martin des Champs.

LA STATUE DU ROI.

DAns l'Hôtel de ſaint Chaumont,
où demeure Monſieur le Maré-
chal de la Feüillade, on doit aller voir la
belle Statuë du Roi, que cét illuſtre Maréchal fait faire avec une dépenſe tres-conſiderable, elle repreſente le Roi vétu à la Romaine, avec une couronne de Laurier ſur ſa
tête. Elle eſt haute de onze ou douze piés,
& d'un ſeul bloc de marbre, le plus grand
que l'on ait encore vû à Paris. Le pié-d'eſtal
ſur lequel elle ſera poſée, doit être fort élevé, & aux quatre faces, on y doit mettre
des bas-reliefs de bronze, qui repreſente-
ront l'Hiſtoire de quelques grands évenemens de ce Regne, à ſavoir la Priſe de Be-
zançon, le fameux Paſſage du Rhin, la
Paix generale de Nimegue, & la ſatisfaction
que

que l'Espagne fit au Roi en 1661. sur ce qui
se passa à Londres touchant Mr. le Maréchal d'Estrade, qui pour lors étoit Ambassadeur de France en Angleterre. Quatre
Captifs seront couchez sur des armes antiques & chargez de chaînes. Mais depuis
quelque temps le dessein de la Statuë a
été changé : elle doit être de bronze ; &
le Roi sera vêtu des habits dont on se sert
au Sacre, que l'on conserve dans le Tre-
sor de saint Denis, avec une Immortalité
derriere, qui lui mettra une couronne de
laurier sur la tête. Ce Monument est d'un
dessein magnifique, & le sieur des Jardins
y travaille sans relâche depuis plus de trois
ans. On ne sçait pas encore en quel lieu
cette belle Statuë sera placée, & l'on en
cherche un où elle puisse être exposée comme il faut, à la veuë du Public. On dit
pourtant que Monsieur le Maréchal de la
Feüillade, qui en fait toute la dépense,
pour marquer à la posterité la reconnoissance qu'il a des bien-faits dont le Roi l'a
comblé, a acheté depuis peu l'Hôtel de la
Ferté-Seneterre la somme de quatrevints
mille écus ; pour en faire une place, au
milieu de laquelle on la mettra. Monsieur
de Santeüil Chanoine de saint Victor, un
des plus habiles hommes de ce siecle pour
les Inscriptions en Vers ; travaille à en faire de belles, qui expliqueront à la posterité les merveilles du Regne d'à présent.

D 7

Un

Un peu plus haut on trouvera une Fontaine nouvellement bâtie, où ces Vers sont gravez.

QUI FONTES APERIT,
   QUI FLUMINA DIVIDIT
URBI,
ILLE EST QUEM DOMITIS
RHENUS ADORAT A-
QUIS.

LA PORTE S. DENIS.

DE toutes les nouvelles Portes que les Echevins ont fait élever depuis qu'ils ont entrepris par l'ordre du Roi, d'embellir la Ville de Paris, celle-ci est la plus magnifique : elle est élevée sur les fondemens de l'ancienne qui étoit tres-incommode. Le corps de la nouvelle est haut de soixante & onze piés, & a la même largeur. L'ouverture qui fait la Porte, est de vint-quatre de chaque côté, elle est accompagnée de Pyramides, chargées de trophées d'armes, qui sont attachez dans l'épaisseur de l'ouvrage, sous le pié-d'étal desquels on a pratiqué une petite porte, pour aider à la grande, qui est au milieu. Sur le cintre est un grand bas-relief, qui represente du côté de la Ville, le passage du
Rhin,

Rhin, & du côté du Fauxbourg la prife de
Maſtrich : & afin de rendre la chofe plus
claire, ſous chaque Pyramide ces Infcriptions ſont gravées ſur des Tables de marbre blanc. Du côté de la Ville,

EMENDATA MALE MEMORI
BATAVORUM GENTE.
PRÆF. ET ÆDIL. PONI CC.
ANN. R. S. H. M. DCLXXII.

QUOD DIEBUS VIX
SEXAGINTA
RHENUM, VAHALIM, MOSAM,
ISOLAM SUPERAVIT.
SUBEGIT PROVINCIAS TRES,
CEPIT URBES MUNITAS
QUADRAGINTA.

Du côté du Faux-bourg ces deux-ci.

QUOD TRAJECTUM AD MOSAM
XIII. DIEBUS CEPIT.

PRÆF. ET ÆDIL. PONI
CC.
ANN. R. S. H. M. DCLXXIII.

L.

La Frife de chaque côté eft chargée de cette Infcription en groffes lettres d'or.

LUDOVICO MAGNO.

Cette Porte eft d'une magnifique apparence, & dans fon genre elle eft un des plus beaux ouvrages, qu'il y ait au monde. Le deffus eft découvert à la maniere des anciens Arcs de Triomphes, que l'on voit à Rome. C'eft Monfieur Blondel, qui en a donné le deffein auffi bien que des nouvelles Portes, & de tous les embelliffemens que l'on a fait dans Paris depuis quelques années, les Infcriptions que l'on y lit, font auffi de lui ; qui font connoitre par leur beauté, que ce fçavant homme eft habile en toutes chofes.

Dans le Faux-bourg on doit aller voir LA MAISON DES PERES DE LA MISSION DE S. LAZARE. Depuis quelques années ces Peres ont fait élever de grands Bâtimens, pour loger leur nombreufe Communauté. Autrefois c'étoit une Maladrerie, c'eft à dire, un Hôpital deftiné à loger ceux qui étoient affligez de Ladrerie : mais dans ces derniers fiecles cette maladie ayant ceffé, ces Maifons ont été converties en d'autres ufages, & celle-ci étant tombée entre les mains du Pere Vincent de Paul, Inftituteur de la Miffion ; il

en

en a fait le Chef d'Ordre de toute sa Congregation, dont l'Institut est d'aller dans les Villages, instruire les pauvres Païsans, & d'enseigner aux jeunes Clercs, les ceremonies de l'Eglise ; d'où vient qu'aux quatre Ordinations de l'année tous ceux qui se presentent à l'Archevéché pour recevoir les Ordres, doivent y passer onze jours, pour être instruits & exhortez, & même ces Peres sont obligez de les nourrir tous gratuitement pendant ce temps-là, parce que c'est à cette condition qu'on leur a accordé la joüissance de plusieurs Terres, qui sont autour de leur Maison.

LA RUE S. MARTIN.

CEtte Ruë est une des plus longues & des plus droites de Paris.

L'EGLISE DE S. JACQUES DE LA BOUCHERIE est au commencement. Elle est remarquable par sa haute Tour, qui a été bâtie de l'argent que l'on confisqua aux Juifs, lors qu'ils furent chassez de Paris. On dit que Flamel, celebre Chymiste, y est enterré, qui avoit trouvé le secret de la Pierre Philosophale, sous le Regne de Philippe Auguste : mais il y a plus d'apparence de croire ceux qui pensent que les Juifs ayant été chassez de Paris, il

profita

profita de l'argent qu'ils lui avoient laiſſé
en dépôt , dont il fit bâtir la grande Tour
de cette Egliſe , & les Charniers des Saints
Innocens , comme on a dit en ſon lieu.
Jean Fernel , Medecin de Henri II. y eſt
auſſi enterré.   On eſtime fort le Crucifix
qui eſt ſur la porte du Chœur ; de l'ouvrage de Sarazin.

L'EGLISE DE S. MEDERIC
êtoit autrefois nommée ſaint Pierre , mais
ſaint Mederic , natif d'Autun en Bourgogne, de l'Ordre de S. Benoit , y étant mort
en odeur de ſainteté, elle en prit le nom , à
l'imitation de quelques autres Egliſes.   A
preſent elle eſt Collegiale , compoſée de
douze Chanoines , qui ſont obligez d'aller aux grandes Proceſſions de Nôtre-Dame , à cauſe que cette Egliſe en dépend.
Plus avant on trouve

S. JULIEN DES MENESTRIERS ,
où demeure une Communauté de Prêtres.
Autrefois c'étoit un Hôpital deſtiné pour
les pauvres femmes malades , fondé par
deux celebres Joüeurs de Violon , en 1330.

Vis-à-vis eſt la Maiſon qui a ſervi de Bu-
reau à la Compagnie des Indes Orientales,
qui eſt remarquable par quelques figures
qui ſont ſur la porte.   Enſuite eſt

L'HOTEL DE VIC, que l'on a
reparé depuis peu, & qui appartient à preſent à des particuliers. Aprés on verra

S. NICOLAS DES CHAMPS,
fon-

fondé par le Roi Robert, qui avoit son Palais tout proche, & dans le lieu même où saint Martin est bâti à present. Cette Eglise est une Paroisse fort grande, & fort peuplée. Monsieur Gassendi, un des plus fameux Philosophes de ces derniers siecles, y est enterré dans la Chapelle de Monsieur de Monmort. Monsieur Bernier si connu par sa profonde erudition & par les beaux Voyages qu'il a fait aux Indes, où même il a demeuré long-temps, a traduit ses Ouvrages en François, pour la satisfaction, & pour le soulagement de ceux qui n'entendent pas la Langue Latine. Tout proche est S. MARTIN DES CHAMPS. Ce Monastere est tout entouré de hautes murailles antiques avec des Tours, d'espase en espace. L'Eglise comme le reste du Couvent, marque une haute antiquité. Mais le grand Autel est à la moderne, du dessein de Mansard. Il est composé de quatre colonnes Corinthiennes, de marbre d'une disposition & d'une proportion digne d'un aussi grand Maître qu'il êtoit. L'Ordre de S. Benoit est en possession de cette Maison depuis tres-long-temps; & Monsieur l'Abbé de Lionne, fils du Secretaire d'Etat, joüit de ce Prieuré, qui est fort considerable par son grand revenu. On croit qu'il a été fondé par Philippe premier, ou par le Roi Robert son pere, qui y ont tenu leur Cour. Mais on voit

dans

dans quelques Auteurs, qu'il y avoit déja des bâtimens fort anciens, que ces Rois firent reparer pour y demeurer.

LA PORTE S. MARTIN aussi bien que le Faux-bourg qui est de ce côté, reçoit son nom du Prieuré, dont on vient de parler; elle a été élevée en 1674. presque en même temps que la porte St. Denis. C'est une maniere d'Arc de triomphe de trois Portes; dont celle du milieu est un peu plus élevée que les deux autres. L'Ouvrage est environ de cinquante piés de face, & d'autant de hauteur. L'Architecture est de bossage rustique, cizelée avec des bas-reliefs au dessus des cintres, & un grand entablement Dorique composé, sur lequel est un Attique, où sont ces Inscriptions

LUDOVICO MAGNO.

VESONTIONE SEQUANISQUE
BIS CAPTIS.
ET FRACTIS GERMANORUM,
HISPANORUM ET BATAVORUM
EXERCITIBUS.
PRÆF. ET ÆDIL. PONI
C C.
ANN. R. S. H. M.DC.LXXIV.

Du.

Du côté du Faux-bourg on lit celle-ci.

LUDOVICO MAGNO.

QUOD LIMBURGO CAPTO.
IMPOTENTES HOSTIUM MINAS
UBIQUE REPRESSIT.
PRÆF. ET ÆDIL. PONI.
C C.

ANN. R. S. H. M. DC.LXXV.

Le Rempart qui joint cette Porte à celle de faint Denis, eft planté d'une large allée d'Arbres, qui dans quelques années formeront un Cours fort agreable. Le deffein eft de la continuer ainfi tout autour de la Ville, & même derriere le Temple jufques à la Porte St. Antoine. L'Ouvrage eft déja achevé, en forte que les Caroffes peuvent aller commodement, depuis la porte faint Denis jufqu'à la Baftille. Le Public eft obligé de ces beaux Ouvrages à M. Blondel, qui en a donné le deffein, comme on a déja dit.

Dans le Faux-bourg on peut aller voir L'EGLISE DE S. LAURENT. C'êtoit autrefois une Abbaye de l'Ordre de faint Benoift, qui eft à prefent une Paroiffe, qui s'étend fort avant dans la Ville. La Porte de cette Eglife eft affez belle, &
l'Au-

l'Autel eſt d'un deſſein tres-particulier, que le ſçavant M. le Pautre ſi connu pour ſes beaux Ouvrages d'Architecture , a donné. Les ornemens & les Statuës qui y ſont , meritent qu'on les examine. Tout proche eſt

LA FOIRE DE S. LAURENT, que l'on ouvre le jour de la Fête de ce Saint , & qui dure ordinairement un mois entier. Elle ſe tenoit il n'y a pas long-temps dans le Faux-bourg ; mais les Peres de S. Lazare aïant fait bâtir des Loges dans une place , qui leur apartenoit , ils ont obligé les Marchands de les venir occuper ; ce qui leur raporte un revenu conſiderable. Vis-a-vis eſt

LE COUVENT DES RECOLLETS qui eſt aſſez propre. On y doit aller voir quelques Peintures du Frere Luc , grand imitateur de Raphaël : entre autres le Tableau du grand Autel. La Biblioteque eſt auſſi aſſez belle , & les Livres en ſont reliez proprement.

LE GRAND HOPITAL DE S. LOUIS eſt derriere ce Monaſtere. Il a été fondé par Henri IV. en 1607. pour les Peſtiferez. A preſent les Convaleſcens de l'Hôtel-Dieu y vont prendre l'air pendant quelques ſemaines.

MONT-FAUCON eſt dans la Campagne voiſine : c'étoit autrefois le lieu où l'on expoſoit les Scelerats au dernier

ſu-

fuplice : c'eft à prefent où l'on les enterre.
Aprés cette courfe il faut rentrer dans la
Ville & commencer par le Quartier le
plus proche.

LA RUE SAINTE AVOYE.

SAint Loüis dont la pieté éclatoit en
toutes chofes, y fit bâtir un Hôpital
pour les vieilles femmes infirmes, qui
êtoient fervies par des Beguines , ou par
des filles qui fuivoient la regle de fainte
Begue, originaire de Flandre , dont l'Eglife êtoit dediée à fainte Avoye ; ce qui fit
que cette rüe en prit le nom , qu'elle a con-
fervé malgré le changement de cét Hôpital,
qui a êté depuis converti en un Monaftere
de Religieufes de l'Ordre de faint Augu-
ftin.

Avant que d'entrer dans cette rüe , il
faut voir

La belle MAISON DU SIEUR JABA
dans la rüe de faint Mederic, par où il
faut pafler. Elle eft bâtie avec beaucoup de
regularité. La face du bâtiment du côté de
la cour eft ornée de Pilaftres, & la porte eft
en boflage avec quelques fculptures , qui
font un fort bel effet. Les dedans font de la
même maniere , & cette Maifon dans toutes fes parties, peut pafler pour une des plus
bel-

belles que l'on puiſſe voir. Il y a de tres-
bons Tableaux , & le Maître s'y connoît
des mieux de Paris.

Delà on peut aller dans la ruë ſainte
Avoye : l'on verra d'abord la Maiſon du
ſieur Titon , qui eſt fort proprement bâtie.

Un peu plus haut & proche la Fontaine,
dans une maiſon qui n'a aucune apparence,
qui appartient à preſent à M. de Marillac ,
il faut demander à voir l'Eſcalier , la ſeule
choſe de tout le logis , qui merite que l'on
s'y arrête.   Si on l'examine comme il faut,
l'on verra qu'il n'y a rien de mieux imaginé , & que la diſpoſition en eſt tout-à-fait
ſinguliere. Tous les Curieux conviennent
qu'il y a peu de choſes à Paris qui en approche , & quoi qu'il ne ſoit que de plâtre , il
ne laiſſe pas de ſurpaſſer ceux qui ont été
bâtis avec beaucoup de ſoins , d'une plus
riche matiere.

Plus avant & du même côté eſt
L'HOTEL DE MONTMORENCI,
qui a retenu le nom des illuſtres Maîtres à
qui il appartenoit autrefois.   C'eſt où demeure à preſent Monſieur le Preſident de
Meſmes.   Quoi que les dehors en ſoient
gotiques , les appartemens ſont d'une tres-
belle diſpoſition , en haut & en bas , en
enfilade , qui ont les veuës ſur le Jardin.
Il y a auſſi une Biblioteque des mieux
fournies , & cette maiſon a des agrémens
que

que l'on a de la peine à trouver dans un autre endroit.

L'HOTEL D'AVAUX est vis-à-vis. Il a été bâti par feu Monsieur le Comte d'Avaux, si celebre par les fameuses Ambassades, où il a été emploïé. Le bâtiment en est fort grand, & élevé avec magnificence. La cour est parfaitement quarrée, entourée de quatre aîles qui sont ornées de grands Pilastres Corinthiens, qui prennent depuis le rez de chaussée jusqu'au comble de l'édifice; ce qui forme une apparence la plus belle & la plus grande que l'on puisse desirer. En entrant on peut voir le Jardin, qui paroît au travers de la porte, qui perce sur la cour.

En allant plus avant, dans la ruë Michel-le Comte, que l'on trouvera à main gauche; il y a un Sculpteur, nommé BERTRAND, chez lequel on trouvera quelques Morceaux assez bien dessinez : il réüssit en bas-reliefs de plâtre pour les cheminées, & il en a fait quelques-uns qui sont estimez. En reprenant la ruë de sainte Avoye, au bout est

LE TEMPLE.

CE vieux bâtiment retient encore son nom des Chevaliers Templiers de Jerusalem, à qui il appartenoit autrefois. On sçait la cruelle disgrace, qui leur arri-

va sous le Regne de Philippe-le-Bel. **Les**
Croisades ayant cessé à cause de l'invasion
universelle des Turcs par toute la Palesti-
ne, ces Chevaliers dont l'Institut êtoit de
conduire les Voyageurs aux Lieux Saints,
s'en croyant exemts parce qu'il y avoit
trop de perils à essuïer, cela leur donna
occasion d'amasser de grandes richesses,
qui les rendirent si orgüeilleux, & les plon-
gerent dans une telle dissolution, que le
Pape Clement V. & Philippe-le-Bel, s'il
faut s'en rapporter à l'Histoire, pour les
châtier de leurs crimes & de leurs débau-
ches scandaleuses, convinrent ensemble
de ruiner & d'abolir entierement cét Ordre : ils commencerent par le grand Maître, que le Pape sous un pretexte specieux
fit venir de l'Isle de Chypre, avec deux de
ses Compagnons, qui êtoient des plus illustres de l'Ordre. Aussi-tôt qu'ils furent arrivez à Paris, on les mit dans les
prisons, & aprés avoir souffert des tour-
mens horribles & avoir confessé les crimes
atroces dont on pretend qu'ils furent con-
vaincus ; on les condamna à être brulez
vifs dans la place de Greve.

On raconte, mais sans beaucoup de certitude, que sur le point d'être executez,
Molai qui êtoit le grand Maître, ajour-
na le Pape & le Roi à comparoître devant
Dieu dans l'année. Que cette circonstance
soit veritable ou non, il est certain que le
Pape

mourut avant les quarante jours ; & que le
Roi ne vécut pas jusqu'à la fin de l'année.

Le Temple depuis ce temps-là demeura
aux Rois par confiscation, qui y tinrent
leur Cour, & qui en ont faite enfuite une
donation aux Chevaliers Hofpitaliers de
faint Jean de Jerufalem ; lefquels enfin
l'ont choifi pour leur Maifon Provinciale
de la Langue de France. Monfieur le Commandeur de Vendôme en eft à prefent
Grand Prieur ; ce qui lui rapporte tous les
ans plus de vint mille écus. Le lieu eft
fort fpatieux, entouré de murailles antiques, foûtenuës de Tours. La maifon
qu'il occupe, a été bâtie depuis quelque
temps par Monfieur de Souvrai, auffi
Grand-Prieur de France, fils du Maréchal
de Souvrai, Gouverneur de Loüis XIII.
mais la mort l'a empêché d'achever cét
édifice. Ce qui paroit eft du deffein du fieur
de Lifle, habile Architecte, qui auroit entouré la cour d'une Galerie foûtenuë de
colonnes, dont on voit déja quelques commencemens, fi le Maître eut vécu plus
long-temps. Le logis eft au fond de cette
cour, avec deux Efcaliers dans les deux Pavillons des aîles. Toutes ces chofes font
d'une tres-belle fymetrie.

Dans l'enclos du Temple on doit aller
voir la Maifon de Monfieur Fremont
d'Ablancour, qui eft un bijou. Autre-

fois il y avoit plufieurs Joalliers dans ce lieu , qui contrefaifoient tres - bien les pierreries : mais depuis quelques années on les en a fait fortir. Il eft encore à re-marquer que tous les Ouvriers qui y tra-vaillent , font exemts de la vifite , que les Jurez des Communautez de la Ville font ordinairement ; ce qui eft caufe qu'il s'y en refugie un tres-grand nombre , qui ne font point Maîtres. Vis-à-vis eft le Mo-naftere

DES RELIGIEUSES DE SAINTE ELISABETH , dont le Portail eft à deux rangs de Pilaftres avec des Statuës & des Ornemens affez bien ordonnez. Le de-dans de cette Eglife n'eft pas mal propre.

La Porte de la Ville qui conduit à la Campagne,de ce côté eft abatuë , & fans doute qu'à fa place l'on en élevera une auffi belle que les autres nouvelles.

LA RUE DU GRAND CHANTIER.

POur voir cette Ruë de fuite , on peut commencer par la petite ruë des deux Portes, dans laquelle on trouvera une mai-fon nouvellement bâtie , qui appartient au SIEUR PROVOST , Secretaire du Roi, lequel a employé beaucoup de foin & d'ar-
geat

gent pour la rendre belle, comme elle est,
dans un des plus vilains endroits de Paris.
Du côté de la cour, elle est ornée de Pilastres Joniques & de Sculptures fort bien
executées. L'Escalier qui est au milieu, est
clair autant qu'il le peut être, mais ce qu'il
y a de plus singulier & de plus beau dans
cette maison, est un grand Cabinet dont la
Menuiserie est ornée de Pilastres dorez,
entre lesquels sont des panneaux de marqueterie, qui representent des Vases pleins
de Fleurs ; ce qui est encore de plus particulier, c'est que le Plafon & le parquet sont du
même ouvrage de rapport. Toutes ces pieces font un effet d'autant plus beau, qu'on
ne s'est encore rien imaginé de pareil, & que
c'est presque la seule chose que l'on ait à
Paris de cette sorte.

Dans la ruë qui se trouve au bout de celle, où est cette maison, on voit

LES BILLETES ; c'étoit autrefois la
maison d'un Juif, qui par une impieté exe-
crable fit brûler une Hostie consacrée, &
qui la perça de plusieurs coups de coûteaux,
mais par un miracle singulier, elle fut
recüeillie par une vieille femme, qui en-
tra chez lui inopinément, & qui la porta
au Curé de saint Jean, où depuis elle a été
conservée avec beaucoup de veneration.
Ce malheureux Juif fut brûlé tout vif,
& on donna sa maison aux Peres Carmes, qui depuis ce temps-là y ont toû-
E 3 jours

jours demeuré. Le sçavant PAPIRIUS
MASSON, dont les doctes Ecrits sont si
connus des gens de Lettres, y est enterré.
Messieurs les Chevaliers de saint Lazare y
font leurs assemblées, & Messieurs de l'A-
cademie Françoise y font faire les Services
pour ceux qui meurent de leur Compagnie.

La rüe des Billetes finit à la rüe SAIN-
TE CROIX DE LA BRETONNERIE,
qui prend son nom d'un Couvent qui y est,
que saint Loüis fonda en 1268. dans lequel
il mit des Religieux Mandians, de l'Ordre
de St. Augustin : mais depuis ce temps-là
plusieurs personnes de pieté leur faisant du
bien considerablement ils n'ont plus été à
la queſte, pour ne la pas ôter à ceux qui en
avoient besoin ; à present ils vivent de leurs
revenus. La menuiserie de leur Autel est
fort jolie : mais ce qu'il faut remarquer, est
un bas relief de marbre, placé sur les chai-
res des Religieux, qui est de Monsieur Sarazin, & que l'on estime beaucoup. Delà
on entrera dans

LA RUE DU GRAND CHANTIER.
La premiere chose qu'on y découvre, est

L'HOTEL DE GUISE, qui a été bâ-
ti par les Princes de cette Maison, qui eu-
rent tant de part aux grands évenemens du
siecle passé, que leur histoire en fait une des
plus considerables parties ; sur tout du
Regne d'Henri III. qui fit mourir Henri
de Guise, & le Cardinal son frere, dans
son

son Château de Blois , où les Etats êtoient
aſſemblez alors , pour remedier aux deſ-
ſordres qui troubloient le repos de la
France.

Cét Hôtel occupe un grand terrain : la
porte eſt à l'antique, accompagnée de deux
groſſes Tours rondes : pour les Appartemens , ils ſont fort beaux , depuis les re-
parations conſiderables que l'on y a faites.
Autrefois l'on y voïoit des meubles magnifiques, entre leſquels êtoit une tenture
de Tapiſſerie, qui repreſente les douze Mois
de l'Année , d'un tres-rare ouvrage , qui
eſt à preſent au Garde-Meuble du Roi , &
dont Monſieur Colbert a fait faire une
une tres-belle copie. Mademoiſelle de
Guiſe qui demeure à preſent dans cét Hôtel , a un Cabinet des plus curieux de Paris, où il y a pluſieurs pieces de Filagrame,
garnies de pierreries , & des miniatures
tres-fines. L'on y voit auſſi quantité de
pieces de bois de ſainte Lucie , qui repreſente divers ſujets de devotion , taillez fort
delicatement ; ſans parler encore de quelques autres curioſitez à peu prés de cette
ſorte. Vis-à-vis eſt

L'EGLISE DES PERES DE LA MER-
CY , qui eſt aſſez propre. Le Portail ſera
beau lors qu'il ſera achevé , & l'Autel eſt
d'une menuiſerie qui n'eſt pas mal travaillée. L'Inſtitut de ces Peres eſt d'aller en
Barbarie racheter des Captifs, comme ſont

les Mathurins : ce qu'ils font par le fecours
confiderable que leur fourniffent des perfonnes de pieté, en leur donnant des fom-
mes pour ce fujet.

L'HOPITAL DES ENFANS ROU-
GES, qui eft deftiné pour les pauvres Enfans orphelins, fut fondé par Marguerite,
Reine de Navarre, Sœur de François I. en
l'année 1534. Depuis quelques années il a
été réüni à l'Hôpital General.

Il faut remarquer que cette ruë eft remplie de belles maifons, entre lefquelles on
en peut voir une du deffein de Manfard ;
qui fait le coin de la ruë des Quatre Fils.
La face en eft tres belle, & ornée de quantité de Vafes. Celle de Monfieur de
Grand-Maifon eft affez proche, où l'on
trouvera de tres-beaux Tableaux & une
quantité confiderable de Porcelaines des
plus fines & des mieux choifies ; le Maître
à qui elle appartient, eft d'un goût tres-
delicat pour les belles chofes.

A l'extremité de cette ruë on voit la
grande Tour quarrée du Temple, accompagnée de quatre autres rondes, qui font
fort élevées, & qui paroiffoient de fort loin :
elles fervoient autrefois d'Arfenal, avant
que celui qui eft proche les Celeftins, fut
bâti.

L A

LA VIEILLE RUE DU TEMPLE.

CEtte ruë commence à la ruë saint Antoine : la premiere chofe qui y paroît, eft

L'HOTEL D'EFFIAT, qui eft un grand bâtiment, fort bien conftruit, compofé de quatre aîles avec une grande cour au milieu. Il a été bâti par le deffunt Maréchal de ce nom, Sur-Intendant des Finances, & Grand Maître de l'Artillerie de France fous Loüis XIII. Monfieur Pelletier Controleur General des Finances, y demeure. L'on découvre enfuite

LA MAISON DE M. AMELOT DE BISUEIL, Maître des Requêtes. C'eft ici où il faut que les Curieux fe repofent, & qu'ils fe donnent le loifir de confiderer les belles chofes qui y font, parce que tout ce qui eft dans cette maifon merite d'être examiné foigneufement. La porte d'abord difpofe à tout le refte. Elle eft ornée dans le fond de Statuës. La menuiferie même eft chargée de tres-beaux bas-reliefs, & la Serrurerie eft d'un travail tres-particulier, & entretenuë avec beaucoup de foin. La cour eft à la verité petite ; mais le veftibule que l'on trouve à main droite, eft quelque chofe de curieux : il eft orné de colonnes, & de Bufts, & pavé de marbre. Cependant

E 5

l'Efca-

l'Escalier est quelque chose de plus beau.
Le haut est ouvert en Lanterne, avec un
Balcon doré, & un Plafon au dessus chargé
de Sculptures & d'Ornemens des mieux
imaginez, & deux grandes Statuës dans le
Pallier.   Ensuite l'on entre dans la grande
Salle ouverte des deux côtez, avec des Tableaux entre les croisées, qui representent
des Troupeaux dans des Grottes sur le
bord de la Mer, qui sont d'un dessein tres-
singulier, & qui occupent agreablement
la vûë. Ce qui merite d'être consideré avec
plus d'attention, est le Plafon, au milieu
duquel il y a un grand Tableau, peint par
un excellent Maître, accompagné d'une
frise chargée d'ornemens, de Stuc, sur un
fond d'or, dont le travail est merveilleux.
On y voit des Vases antiques ornés de triomphes, accompagnez de Sphinx, de Bra-
siers, de Masques, & en un mot, de toutes
sortes de Grotesques d'une bizarerie, &
d'une imagination tout-à-fait belle. Une
grande Corniche regne tout autour de cette
Salle, dont la Sculpture est admirable. Dans
le fond est la Cheminée de la même maniere; toute dorée avec un grand trophée à la
Romaine dessus : ensuite on entre dans
une Antichambre, où il y a de grands Miroirs : & delà dans la chambre dont le Plafon & les ornemens sont encore plus beaux
& plus riches, que tout ce que l'on a déja dit.
Les meubles sont de velours, couleur de
rose,

rofe, brodez d'or & d'argent,& la Tapiſſerie qui eſt au fond de l'Alcove , eſt d'une
broderie extraordinairement riche.   Le
parquet de l'Eſtrade eſt de marqueterie ,
où au milieu de divers ornemens ſont les
Armes du Maître du logis. A main gauche
eſt la Chapelle qui eſt petite , à la verité ,
mais en recompenſe embellie,autant qu'elle le peut être , de toutes les choſes qui y
conviennent. Les Tableaux qui y ſont,ont
été peints par de tres-bons Maîtres.

A main droite l'on entre dans le Cabinet la derniere piece de cet appartement,
& la plus belle de toutes.Il eſt garni au lieu
de Tapiſſeries d'une Menuiſerie parfaitement bien dorée , ſur les panneaux de laquelle ſont des Vaſes avec des Feſtons de
fleurs d'aprés Nature, & divers petits Oi-
ſeaux qui volent autour, de la maniere de
Vanbouck un des plus habiles hommes de
ſon temps pour ces ſortes d'Ouvrages. Le
Plafon & la Cheminée ſont ornez de même. Toutes les chambres dont on vient de
parler, donnent ſur une cour,dont l'enfon-
cement eſt orné d'Architecture & de Figures, avec des perſpectives peintes à freſque.
De l'autre côté eſt le ſecond appartement,
qui eſt joint à celui-ci. D'abord on y trouve une chambre magnifique à l'Italienne ,
dont le Plafon eſt ouvert en Coupole, de
figure octogone , avec une baluſtrade en
haut tres-bien dorée. Sur la Cheminée il y
E 6

a un bas-relief, peint en couleur de bronze, d'un travail extraordinairement beau,
qui reprefente Jafon, faifant un facrifice
fur le bord de la Mer, pour obtenir un
heureux retour en fon Païs, aprés avoir
enlevé la Toifon d'or.

De cette chambre on fe rend dans la
Galerie, dont les côtez font revétus de
Pilaftres Corinthiens, & de Tableaux
qui reprefentent la Fable de Pfiché,
peints par Corneille, auffi bien que le Plafon qui eft un des plus beaux que l'on puiffe
defirer. Il y a une petite Biblioteque à main
droite dont les ornemens conviennent parfaitement bien à la difpofition du lieu.
Enfin rien ne manque à cette belle Maifon, tout y eft d'une propreté furprenante, & l'on n'y voit rien, qui ne foit magnifique, & qui ne merite d'être confide-
ré avec admiration ; car les chofes auf-
quelles on prend le moins garde dans les
autres endroits, ont ici leur beauté particuliere, comme les entablemens des fenêtres, qui font de bois de Cedre, rap-
portez d'ébene & d'yvoire ; les Serrures &
les Verroüils des portes font d'un Acier
poli & travaillé auffi délicatement, que fi
c'étoit de l'argent ; fans parler des meubles comme des Tables & des Miroirs,
qui font enrichis d'Ecaille de tortuë & d'y-
voire & garnis de Moulures de cuivre doré à feu, cizelez tres-delicatement.

On

On ne trouvera point dans un autre endroit des ornemens peints avec plus de de-
licateſſe; & finis avec plus de travail : enfin
ceux qui auront examiné toutes ces beautez , conviendront , qu'on ne peut pas aſ-
ſembler plus de belles choſes dans un ſi
petit eſpace , & que le Maître à qui elles
appartiennent , n'a pû les mettre dans l'é-
tat où elles ſont , ſans une dépence conſiderable, & ſans une connoiſſance tres-par-
faite de tout ce qu'il y a de plus beau. Cette
belle Maiſon eſt du deſſein du ſieur Cot-
tard. Vis-à-vis eſt

L'HOTEL D'O , qui eſt à preſent converti en un Couvent de Religieuſes de
l'Ordre de ſaint Auguſtin.

A main gauche , dans la ruë des Blancs-
Manteaux on verra le Couvent , qui lui
donne ſon nom , où il n'y a rien de ſingulier , ſi ce n'eſt le pavé du Chœur qui eſt
tout de marbre.   A preſent ce ſont des Religieux de ſaint Benoiſt qui l'occupent.
Autrefois ils étoient nommez *Guillemins*,
ayant été fondez par ſaint Guillaume , qui
leur avoit ordonné de porter un Manteau
blanc, qu'ils ont quitté depuis.

Le reſte de la Vieille ruë du Temple ne
fournit rien de conſiderable

Delà on peut entrer dans la ruë Barbet-
te , où eſt

L'HOTEL D'ESTRE'ES, qui eſt aſſez
proche de l'endroit où étoit autrefois le

E 7

Palais

Palais d'Isabeau de Bavieres , femme de Charles VI. Roi de France, proche duquel arriva le meurtre de Loüis , Duc d'Orleans , qui fut tué par le Duc de Bourgogne, qui fut la cause des divisions de ces deux Maisons , & l'origine des troubles épouvantables qui ravagerent la France pendant plusieurs années , & qui ne finirent que sous la fin du Regne de Charles VII.

Proche les Capucins du Marais dans la ruë de Touraine, il y a une grande Perspective dans le Jardin du sieur Turmeni, qui paroit assez belle ; c'est un Quadran au Soleil sur un morceau d'Architecture rustique dans des Arbres.   De loin elle fait un fort bel effet.

Sur la Fontaine de la ruë de Poitou assez proche , ou lit cette Inscription.

Hic Nymphæ agrestes effundite civibus urnas, Urbanas prætor vos dedit esse deas.

M. DC. LXXV.

De la Vieille ruë du Temple on se peut rendre dans la grande ruë saint Loüis , en passant par la ruë de la Couture saint Gervais , où est une magnifique Maison bâtie par le sieur Aubert , dans laquelle demeure

meure à present Monsieur l'Ambassadeur de Venise. Elle est une des plus belles & des plus logeables, & l'Escalier est des mieux disposez que l'on puisse voir. Tous les ornemens qui y sont, font un tres-bel effet.

LA RUE SAINT LOUIS.

L A premiere chose que l'on trouve au bout de cette ruë, est
LE COUVENT DES RELIGIEUSES DU CALVAIRE, de l'Ordre de saint Benoist, dont l'Eglise est assez propre : l'Autel est orné de Tableaux, qui representent en trois pieces l'Histoire de la Passion de nôtre Seigneur. Ensuite on pourra aller à

L'HOTEL DU CARDINAL DE BOUILLON, grand Aumônier de France ; qui êtoit autrefois l'Hôtel de Turenne ; où il y a un morceau d'Architecture de l'invention du sieur des Argues, digne d'admiration. L'on y peut voir à present une nombreuse Biblioteque & des meubles magnifiques. Du même côté est

L'HOTEL DE GUENEGAUD, qui est grand & tres-bien bâti, & plusieurs autres Maisons jusqu'à la Place Royale,

qui font d'une agreable fymetrie, & qui
rendent cette ruë d'une grande égalité par
tout   On y a bâti une Fontaine depuis
quelques années, où font deux Tritons
en Sculpture, au bas defquels font ces Vers
de Monfieur de Santeüil.

FŒLIX SORTE TUA, NAÏAS
    AMABILIS,
DIGNUM, QUO FLUERES, NA-
    CTA SITUM LOCI.
CUI TOT SPLENDIDA TECTA
FLUCTU LAMBERE CONTIGIT.

TE TRITON GEMINUS PERSO-
    NAT ÆMULA
CONCHA, TE CELEBRAT NO-
    MINE REGIAM,
HAC TU SORTE SUPERBA,
LABI NON ERIS IMMEMOR.

LA PLACE ROYALE.

CEtte Place fut bâtie fous le Regne
de Henri le Grand. Les Maifons qui
font autour, font tres-belles, &
toutes d'une même fymetrie. Elles oc-
cu-

cupent le lieu même qui avoit servi de
Jardins au Palais des Tournelles, qui
étoit autrefois du côté du Rempart, où
François second & quelques Rois, qui
l'avoient précedé, avoient tenu leur Cour.
Catherine de Medicis à cause du funeste accident arrivé à Henri second, son Mari,
qui fut blessé à mort par le Comte de
Montgommery, dans ce malheureux
Tournoi que l'on faisoit dans la ruë Saint
Antoine, pour la réjoüissance du Mariage
d'Isabelle de France avec Philippe second,
Roi d'Espagne ; vendit ce Palais, qui
avoit été bâti par Charles V. à divers Particuliers qui y bâtirent des maisons : &
la ruë même qui est proche du Rempart,
en a retenu le nom.

La Place dont nous venons de parler est
parfaitement quarrée, composée de
trente six Pavillons élevez d'une même symetrie, dont la Maçonnerie est de
Brique & de pierres de taille, sur une
longue suite d'Arcades ; à la faveur
desquelles on peut aller à couvert autour. Dans l'espace qui est au milieu
on a laissé un grand Preau, que l'on travaille à present à convertir en Jardin, qui
doit être enfermé d'une Palissade de fer,
où personne n'entrera que ceux des Maisons de la Place, qui en auront la
clef: on dit qu'il en coûte cent pistoles
à chaque maison, ce qu'on peut facilement
croi-

croire, à caufe de la grande quantité de fer qu'il a falu employer. Au milieu de ce Jardin eſt la Statuë de bronze à cheval de Loüis XIII. élevée ſur un grand pié - d'eſtal, de marbre blanc, aux faces duquel on lit ſur le devant ces Inſcriptions :

POUR LA GLORIEUSE ET IMMORTELLE MEMOIRE

DU

TRES-GRAND ET TRES-INVINCIBLE LOUIS LE JUSTE

XIII. DU NOM, ROI DE FRANCE ET DE NAVARRE

ARMAND Cardinal Duc de Richelieu, son principal Ministe dans tous ses illustres et heureux desseins.

COM-

Comble d'honneurs, et de bien-
faits d'un si genereux Monarque, a fait elever cette Statue.

Pour une marque eternelle
de son zele, de sa fidelite,
et de sa reconnoissance.

1639.

Sur le derriere du côté des
Minimes.

LUDOVICO XIII. Chris-
tianismo Galliæ et Na-
varræ Regi.

Justo, Pio, foelici, victori,
triumphatori.

Sem-

SEMPER AUGUSTO

ARMANDUS CARDINALIS
DUX RICHELIUS,
PRÆCIPUORUM REGNI ONERUM
ADJUTOR

ET ADMINISTER
DOMINO OPTIME MERITO, PRIN-
CIPIQUE
MUNIFICENTISSIMO,
FIDEI SUÆ, DEVOTIONIS,
ET OB INNUMERA BENEFICIA,
IMMENSOSQUE
HONORES SIBI COLLATOS
PERENNE GRATI ANIMI MONU-
MENTUM,

HANC STATUAM EQUE-
STREM PONENDAM
CURAVIT.
ANNO DOMINI 1639.

A

A main droite.

POUR LOUIS LE JUSTE.

SONNET.

QVe ne peut la Vertu, que ne peut
le courage?
J'ai domté pour jamais l'Herefie en fon
fort,
Du Tage imperieux j'ai fait trembler le
bord,
Et du Rhin jufqu'à l'Ebre a crû mon
heritage.

J'ai fauvé par mon bras l'Europe
d'efclavage:
Et fi tant de travaux n'euffent hâté
mon fort:
J'euffe attaqué l'Afie, & d'un pieux
effort,
J'euffe du faint Tombeau vangé le long
fervage.

ARMAND, le grand Armand, l'ame
de mes exploits,
Porta de toutes parts mes armes & mes
loix,   Et

Et donna tout l'éclat aux rayons de ma
  gloire.

Enfin il m'eleva ce pompeux monu-
  ment,
Où pour rendre à son nom, memoire
  pour memoire ;
Je veux qu'avec le mien, il vive in-
  cessamment.

De l'autre côté à gauche.

Quod bellator hydros pacem spirare
  rebelles,
Deplumes trepidare aquilas, mitescere
  pardos,
Et depressa jugo submittere colla leo-
  nes,
Despectat LODOICUS, equo sublí-
  mis aheno,
Non digiti, non artifices fecere cami-
  ni,
Sed virtus & plena Deo fortuna per-
  egit,

A R-

ARMANDUS vindex fidei, pacif-
que fequefter,
Auguftum curavit opus ; populifque
verendam
Regali voluit ftatuam confurgere circo.
Ut poft civilis depulfa pericula belli,
Et circum domitos armis civilibus
hoftes,
Æternum domina LODOICUS in
urbe triumphet.

Ce Cheval eft un des plus beaux ouvrages, que l'on puifle voir. Le fameux Da-
niel de Voltere, Italien, & un des plus
habiles Sculpteurs de fon temps, l'avoit
fait pour Henri fecond : mais il ne put être
élevé pour ce Roi, à caufe des divers troubles, où la France fut plongée dans les
Regnes fuivans.

Les plus confiderables Maifons de cette
Place, & dans lefquelles on peut voir
quelques curiofitez, font
L'HOTEL DE RICHELIEU, où il y
a de tres-excellens Tableaux de divers
Maîtres : mais fur tout de Rubens, fameux Peintre Flamand, dont les Ouvrages font tres-eftimez des Curieux, à caufe
de la beauté du deffein, & de la vivacité
du coloris, où il a réüffi mieux qu'aucun
Pein-

Peintre n'a jamais fait. L'on en trouve dans cét Hôtel un plus grand nombre qu'en aucun endroit de Paris. Il y a avec cela des meubles tres-riches.

LA MAISON DE M. LE MARQUIS D'ANGEAU, Gouverneur de Touraine, fur la muraille de laquelle il y a une Perfpective, qui reprefente un morceau d'Architecture, dans une Forêt d'une maniere tres-excellente. Avec cela on peut voir dans le fond du Jardin, un petit Pavillon, qui n'eft pas mal bâti. Le grand Efcalier eft fort clair, tout le refte du logis eft d'une grande propreté. Ce qui fait connoître que cette maifon appartient à une perfonne d'un goût délicat.

L'HOTEL DE CHAUNES eft prefque vis-à-vis, de l'autre côté de la Place. L'on y a bâti une aîle toute entiere depuis quelques années, où l'on a obfervé beaucoup de regularité. Au fond de la cour eft le Jardin avec des jets-d'eau, & une Perfpective dans le fond, qui répond à la porte, & qui fait en entrant le plus bel effet du monde. Monfieur le Duc de Chaunes, Gouverneur de Bretagne, y demeure.

LE COUVENT DES MINIMES.

CEs Peres ont été inftalez en cét endroit en 1590. leur Eglife eft une des
plus propres & des plus claires, & quoi que
le Portail n'en ait pas été achevé, il ne laiffe
pas d'être fort remarquable, à caufe que
le fameux Manfard en a donné le deffein.
Les colonnes du premier ordre font doriques, & ces Peres ayant befoin d'une Tribune, en ont fait élever une fur ce Portail,
qu'ils ont ornée de colonnes en dehors, qui
ne repondent gueres à ce qui avoit été
commencé par un fi habile Maître.   Leur
Autel eft auffi un des mieux entendus, avec
des colonnes Corinthiennes de marbre
noir, cannelées ; qui font les feules que
l'on voye en France de cette maniere.   Les
ornemens n'y font pas fuperflus ; la Statuë
de la fainte Vierge eft d'un côté & celle de
faint François de Paule, le Fondateur de
ces Peres, eft de l'autre, & toutes deux
font d'une bonne maniere.   Il y a plufieurs
Chapelles à voir dans cette Eglife, celle
de M. le Duc de la Vieville, dont l'Autel
eft tout de marbre, & où il y a des Tombeaux de même matiere, de quelques perfonnes de cette Maifon. Celle de Monfieur
le Camus, dont la menuiferie eft dorée
avec beaucoup de propreté.

A côté du grand Autel eft celle de faint

F   Fran-

François de Paule, où la Vie de ce Saint a été peinte par le sieur Voëte. Vis-à-vis est celle de Monsieur le Jai, premier Président au Parlement : & enfin celle où est le Tombeau de Madame la Duchesse d'Angoulesme, qui est tres-bien ornée de figures de marbre. Au dedans de la Maison on doit aller voir la Biblioteque, où il y a des Livres qui ne sont pas mal conditionnez. Mais ce qui est de plus remarquable, est une suite de Rituels, amassée par Monsieur de Launoi, Docteur en Theologie, qui a passé pour un des plus sçavans Critiques de nôtre temps dans les Antiquitez de l'Eglise, & qui par sa profonde science a débroüillé beaucoup de choses, dont nous n'avions que des idées fort confuses. Il est enterré dans l'Eglise de ces Peres, auxquels par Testament il a laissé deux cens écus & la moitié de sa Biblioteque. Voici l'Epitaphe que Monsieur Clement, Conseiller en la Cour des Aydes, a fait pour lui, que l'on doit mettre au dessus de son Tombeau.

D. O. M.

D. O. M.

Hic jacet Joannes Launoius, Constantiensis,

    Parisiensis Theologus,

Qui veritatis assertor perpetuus, jurium
Ecclesiæ & Regis accerrimus vindex, vitam

    Innoxiam exegit.

Opes neglexit & quantulumcunque, ut relicturus,

    Satis habuit.

Multa scripsit nulla spe, nullo timore.

Optimam famam, maximamque venerationem apud probos adeptus est.

Annum septimum & septuagesimum decessit.

Animam Christo consignavit die 10. Martii Anno 1678.

Hoc monimentum amico jucundissimo
Poni curavit Nicolaus le Camus
Supremæ Subsidiorum Curiæ Princeps.

Il y a auffi dans cette Biblioteque quelques Pieces d'Optique, du fameux pere
de Niferon, Parifien, un des plus fçavans
hommes, qui ait peut-être jamais paru dans
cette fcience, & qui en a laiffé un Volume
fort eftimé.   C'eft auffi lui qui a fait peindre dans les Dortoirs de cette Maifon, la
figure de faint Jean, & de la Madelaine,
qui occupent toutes les longueurs de deux
Galeries, & dont on ne fe peut apperce-
voir que dans une certaine proportion, ou
en regardant d'un point marqué.   Ce fçavant homme eut donné bien d'autres chofes au Public, fi la mort ne l'eut enlevé
dans un âge, où il ne commençoit encore
qu'à faire connoître fon merveilleux genie.

Le Refectoir de ce Couvent eft affez beau,
& depuis quelques années, on y a peint
tout autour des Païfages ou des Solitudes
qui entretiennent en mangeant, l'efprit
des Religieux dans l'éloignement du monde ; on fçait que ces Peres vivent dans une
grande aufterité, & que l'efprit de leur
Inftitut renferme prefque tout ce que les
autres Ordres ont de rigoureux.

Avant que de fortir du Marais du Temple, il faut remarquer, que la plûpart des
maifons de ce Quartier ont êté bâties depuis cinquante ou foixante ans, & que le
terrain qu'elles occupent, êtoit autrefois de grands Jardins, & des Marais, qui
four-

fournifloient à la Ville de Paris, d'herbes
potageres. A prefent c'eft un beau Quartier, dont les logemens font tres-commo-
dement bâtis, où il loge grand nombre de
perfonnes de confideration.

La Rue Saint Antoine.

Prés le Marais du Temple, on doit
aller voir la Ruë faint Antoine, une
des plus longues & des plus belles de la Ville, & qui eft ordinairement deftinée aux
Corteges & aux Entrées des Ambaffadeurs.
Ce fut par cette ruë que la Reine fit fa premiere entrée, & où fe fit auffi la fuperbe
marche du Caroufel de l'année 1661. Le
Legat du Pape qui vint à Paris en l'année
1664. à qui l'on fit une entrée magnifique,
paffa pour fe rendre à l'Eglife Nôtre-
Dame. Dans les fiecles paffez elle étoit
deftinée aux mêmes chofes. Nos Rois y
faifoient leurs Courfes de Bagues, leurs
Jouftes, & leurs Tournois ; mais depuis
le fatal accident qui arriva à Henri feeond,
ces fortes de fêtes ont été abolies.

Pour voir cette Ruë de fuite, on peut
commencer par

La Greve.

CEtte Place eſt la ſeule de Paris où ſe donnent les Spectacles publiques de Réjoüiſſance. C'eſt dans ce lieu où l'on fait les feux de joye la veille de la Fête de ſaint Jean Baptiſte, ou lors que la France a remporté quelque avantage ſur ſes Enne-mis.

L'HOTEL DE VILLE occupe toute une face de cette Place. Il a été bâti ſous le Regne de François premier, qui y mit la premiere pierre. L'Architecture ſe ſent encore un peu du gotique, c'eſt-à-dire qu'elle n'eſt pas tout-à-fait du goût d'à preſent, où l'on étudie les proportions des Grecs & des Romains, avec plus de ſoin, & où l'on tâche tous les jours de rétablir cette belle ſcience, dans la perfection où elle étoit ſous le Regne d'Auguſte. La Statuë en bronze Henri I V. eſt ſur la por-te, repreſenté à cheval en demi-boſſe, ſur un fond de marbre noir. Le Cheval eſt copié d'aprés celui de Marc Aurele du Ca-pitole. La cour eſt petite & entourée de bâtimens d'une même ſymetrie. Sous une Arcade du fond il y a une Statuë du Roi habillé en Hercule, qui tient à ſes pieds la Diſcorde qui avoit voulu troubler les commencemens de ſon heureux Regne. Sur les faces du pié d'eſtal, qui eſt de mar-bre,

bre, aussi bien que la Statuë ; on a mis des Inscriptions que l'on n'a pas jugé à propos de mettre ici , parce qu'elles ne contiennent rien de particulier , & qu'elles ne rapportent aucun fait d'Histoire , qui instruise les Curieux.

Dans les Salles il y a quelques Tableaux , qui representent en habit de ceremonie les Prevôts des Marchands & les Eschevins du siecle passé, & ceux de celui-ci. Aux deux bouts de la grande Salle sur les deux cheminées qui y sont , il y a des portraits du Roi en habit Royal avec son Sceptre & sa main de Justice. C'est dans cette Salle où l'on s'assemble pour l'élection des Prevôts des Marchands & des Echevins. Les fenêtres étant sur la Greve lors-qu'il y a quelque réjoüissance publique, les personnes de le premiere qualité y sont placées , & quelquefois elles y sont regalées magnifiquement aux dépens de la Ville.

Pour rendre l'entrée de la Greve plus commode, depuis cinq ou six ans l'on a percé un chemin du Pont de Nôtre-Dame à cette Place, le long de la Riviere , que l'on a revêtu d'un tres-beau Quai de pierre de Taille. On a bâti sur ce Quai des Maisons de même symetrie : qui sont occupées par des Marchands. C'est sous la Prevôté de Monsieur Pelletier , à present Contrôleur General des Finances , que ce bel ouvrage a été entrepris ; & tout ce

 qui

ce qui a été executé fous fon adminiſtra-
tion a été autant pour la commodité du Public, que pour la magnificence de la Ville : auſſi le peuple pour lui marquer une
reconnoiſſance éternelle, l'a nommé de
nouveau LE QUAY PELLETIER, quoi
que par une modeſtie qui a peu d'exemples,
il n'ait jamais voulu ſouffrir que ſon nom
parût dans les ouvrages qui ont été con-
ſtruits par ſes ordres.   A l'entrée du côté
du Pont de Nôtre-Dame, on trouve cette
Inſcription ſur un Quadre de marbre noir,
au deſſus duquel eſt le Portrait du Roi en
Medaillon.

AUSPICIIS
LUDOVICI MAGNI
HANC RIPAM
FÆDAM NUPER ET IN-
VIAM NUNC PUBLICUM
ITER ET ORNAMENTUM
URBIS.
F. CC.
PRÆF. ET ÆDIL.
ANN. R. S. H. M. DC. LXXV.

De la Greve l'on doit paſſer proche
L'EGLISE DE St. JEAN, qui êtoit
autrefois une Chapelle dépendante de ſaint
Gervais ; & qui a été bâtie comme on la
voit, ſous le Regne de Charles le Bel en
1326. Ce qui merite d'y être vû, eſt la
voute qui ſoûtient les Orgues, qui eſt d'un
trait tout-à-fait hardi, & la petite Porte,
d'ordre Jonique du côté du Cloître.

Voici un Epitaphe, que les Curieux ne
feront pas fâchés de lire, & qu'ils trouveront aſſez extraordinaire, il eſt proche du
Crucifix de cette Egliſe.

*Cy repoſe Alain Veau, celui auquel l'in-
tegrité & fidelité au maniment des Finances
ſous le Roi François I. Henri II. François II.
& Charles IX. a pour une heureuſe recompenſe acquis ſans envie, ce beau titre de Treſorier ſans reproche, il deceda le 1. de Juin
1575.*

Paſſant priez Dieu pour lui.

L'EGLISE DE St. GERVAIS eſt un
peu plus avant. Elle eſt une des plus anciennes Paroiſſes de Paris, comme il ſe voit
dans l'Hiſtoire de ſaint Germain Evéque
de cette Ville, qui vivoit en 578. en faveur
duquel il s'y fit un miracle, à ce que rapporte Fortunatus Evéque de Poitiers, dans ſon
Hiſtoire. Le corps de cette Egliſe eſt fort
bien bâti ſelon le goût gotique, avec

F 5

des

des Voutes tout-à-fait élevées, & des Chapelles tout autour. Dans une qui est sous
la croisée à main gauche, on pourra voir
quelques peintures, de la maniere de le
Sueur, qui étoit un des plus excellens Peintres de ce siecle après le fameux Poussin, &
duquel on aura sujet de parler plus ample-
ment. Les grisailles de vitres qui representent le Martyre de saint Gervais & le Tableau de l'Autel sont de lui. Les Tapisseries que l'on expose les grandes Fêtes, sont
tres-bien travaillées : les Originaux sont
dans la Nef, qui ont été peints par le même
le Sueur, & par Champagne. Elles representent l'Histoire de St. Gervais & de St.
Protais, & la maniere dont leurs Corps Sts.
furent trouvez à Milan, par les prieres de
saint Ambroise, qui en fait mention dans
ses Epitres.

Mais ce n'est pas ce qui doit le plus arrêter les Curieux, le superbe Portail de cette
Eglise les occupera bien plus agreablement,
& leur fera avoüer qu'il ne se peut rien voir
ailleurs de plus beau, ni de plus regulier : il
est composé de trois Ordres Grecs, l'un sur
l'autre, c'est à-dire, du Dorique, de l'Ioni-
que & du Corinthien, dont les proportions
sont si belles & si justes, qu'au sentiment
même du fameux Cavalier Bernin, on n'a
rien de plus achevé & de plus parfait dans
toute l'Europe. Les colonnes en sont cannelées sans être accompagnées d'autres ornemens,

nemens, que de ceux qui leur font propres. Tous ces trois Ordres font une fabrique d'une tres-grande hauteur & tout-à-
fait agreable à la veuë : fi la place qui eft devant, étoit plus fpatieufe, il ne manqueroit rien à cét ouvrage pour le faire paroître
dans toute fa magnificence ; on en donne
toute la gloire au fieur de Broffe , le même
qui a donné les deffeins du Palais de Luxembourg, & du Temple de Charenton. Cependant on croit qu'il n'a pas été le feul,&
que Clement Metezeau fut emploïé avec
lui ; celui-là même qui avoit entrepris la
Digue de la Rochelle , comme on a déja dit
au fujet de la grande Galerie du Louvre, &
qui étoit un des plus habiles Architectes,
qui fût de fon temps. Il étoit d'une Famille confiderable de Dreux, & fort eftimé
du Cardinal de Richelieu,qui fe connoiffoit
parfaitement en gens de merite. Monfr.
de Fourcy, Confeiller au Parlement , & Intendant General des bâtimens fous Loüis
XIII. pere de Monfr. le Prefident de Fourcy , qui fe diftingue à prefent plus par fon
merite & par fa probité , que par la dignité de fa Charge , étoit pour lors Mar-
guillier d'honneur de cette Eglife : ce
fut lui qui entreprit ce grand ouvrage,
avec Monfieur d'Onon , & Monfr. de St.
Genis, qui étoient en charge avec lui.
Loüis XIII. voulut y mettre la premiere pierre , & en fort peu de temps

ce merveilleux édifice fut achevé comme ou le voit.

Depuis l'Eglise de saint Gervais, dont nous venons de parler, jusqu'au milieu de la ruë saint Antoine, il n'y a rien de considerable. On passe devant le Cimetiere saint Jean, qui est à present un Marché, dans le même lieu, où étoit autrefois l'Hôtel de Pierre de Craon, qui assassina le Connétable Olivier du Clisson sous Charles VI. dont la maison fut démolie & rasée en 1392. en punition de cét attentat. Ensuite est

L'HOTEL DE BEAUVAIS, qui a une tres-belle face sur la ruë, ornée de trois balcons. La maçonnerie est en bossage avec des ornemens assez beaux ; la porte est grande, & quoi que la cour soit fort petite, elle est cependant entourée de bâtimens, où les Ordres d'Architecture ne font pas mal executez. L'Escalier est soûtenu de colonnes, & embelli de plusieurs ornemens. Pour les appartemens ils sont fort agreables & entourez d'une longue balustrade de fer, qui conduit tout autour de la cour, qui sert de dégagement. Lors qu'il y a eu quelque grand Spectacle à voir dans la ruë saint Antoine, cette belle maison a servi aux personnes de la Maison Roïale. Au fameux Carousel qui se fit en l'année 1661. grand nombre de Princesses & de Dames de la Cour s'y allerent pla-

placer, pour voir paſſer ce Cortege magnifique, qui venoit de la Place Roïale, où il s'étoit aſſemblé ; pour aller dans la place devant le Palais des Tuilleries, dans laquelle les Courſes ſe devoient faire. Vis-à-vis eſt

L'EGLISE DU PETIT S. ANTOINE, qui n'a rien de beau, & même qui par ſa ſimplicité, fait aſſez connoitre qu'elle a autrefois ſervi à un Hôpital, fondé pour ceux qui étoient affligez d'une maladie Epidemique, que l'on nommoit, *le Feu de St. Antoine*, qui a ceſſé depuis deux ou trois ſiecles. La Confrerie de St. Claude eſt établie depuis fort long-temps dans cette Egliſe. Mais elle eſt fort décheuë de ce qu'elle étoit autrefois ; car nous voïons que ſous le Regne de Charles VI, qui la fonda, tous les grands Seigneurs de la Cour s'y enrolerent à ſon exemple, & firent des preſens conſiderables en faveur de ce Saint. La Communauté de ces Peres eſt petite, & ne paſſe pas ordinairement le nombre de vint Religieux. Ils ſont Chanoines Reguliers de Saint Auguſtin, & portent en forme de Croix, la Lettre T, ſur la poitrine. Leur Chef d'Ordre eſt en Dauphiné, aſſez proche de Vienne. Du même côté eſt

L'HOTEL DE S. POL, où nos Rois ont fait autrefois leur demeure, comme quelques Hiſtoriens ſemblent le faire croire : mais cependant d'autres veulent que le Palais des Tournelles fut ainsi nommé, avant que d'être rebâti par François I. qui y fit mettre un grand nombre de petites Tours sur les murailles. Enfin cét Hôtel est à present occupé par Madame de Chavigny, veuve du Secretaire d'Etat de ce nom. Il est un des plus grands que l'on puisse voir à Paris. Les Appartemens sont sur un Jardin, magnifiquement meublez : les Peintures & les beaux ornemens y sont en abondance. La cour est grande, & peut contenir plusieurs carrosses ; cependant ce qui manque à cét Hôtel, est un grand Escalier. Monsieur de Chavigny avoit dessein d'en faire élever un & de continuer encore quelques autres ouvrages qui lui manquent : mais la mort lui ôta les moïens d'executer ce qu'il se proposoit : cela n'empêche pas cependant que cette maison ne soit des plus logeables, & des plus commodes ; & qu'elle ne soit même delicieuse dans la saison de l'Esté, par l'agreable odeur des Orangers que l'on y respire particulierement dans les Appartemens d'en bas, qui sont contigus au Jardin.

LES GRANDS JESUITES.

L'Eglise de ces Peres est dédiée à Saint
Loüis, & est une des plus belles & des
mieux decorées de Paris. Elle est bâtie à
la moderne avec un grand Dôme ou Coupole, qui s'éleve au dessus. L'ordre Corinthien est observé par tout, fort regulierement, & le Portail est tres bien exposé, parce qu'il est vis-à-vis la Ruë de sainte
Catherine. Il est composé de trois ordres
de colonnes Corinthiennes, l'un sur l'autre, qui font environ vint-deux toises de
hauteur. Les ornemens n'y ont point été
épargnez, car tous les endroits de cét édifice sont chargez de Palmes, de feüillages
& de chifres, qui font une confusion qui
ne plaît pas aux delicats en Architecture.
On voit par cette Inscription qui est sur la
frise du premier ordre, que le Cardinal de
Richelieu a contribué à la frabrique de ce
Portail.

SANCTO LUDOVICO RE-
GI. LUDOVICUS XIII. REX
BASILICAM: ARMANDUS
CARDINALIS DUX DE
RICHELIEU, BASILICÆ
FRONTEM POSUIT. 1634.

L-

Loüis XIII. y mit la premiere pierre, accompagné de Mr. de Gondy, premier Archevêque de Paris, sur laquelle étoit cette Inscription.

D. O. M.

S. LUDOVICO.

QUI TOTUM ORBEM IN TEM-
PLUM
DEI ARMIS, ANIMISQUE DE-
STINAVIT.
LUDOVICUS XIII.
HOC TEMPLUM EREXIT:
UT QUEM GALLIA COLUIT UT
REGEM, AMAVIT UT PATREM,
HIC VENERETUR UT
COELITEM.
ANNO. M. DC. XXVII.

Le

Le dedans de cette Eglife répond tres-bien au dehors. Une Galerie regne fur toutes les Chapelles, avec une baluftrade de fer fur l'entablement de la Corniche, à la faveur de laquelle on peut aller tout autour. Le grand Aûtel eft à trois rangs de Colonnes Corinthiennes, de marbre noir, dont les chapiteaux font de bronze doré. De chaque côté font les Statuës de faint Loüis & de Charlemagne; mais, à dire le vray, cét Autel eft un peu trop bas, ce qui le rend trifte & obfcur. Cependant les jours des Fêtes qu'il eft fort éclairé de lumieres, le defaut eft moins remarquable. Le Tabernacle que l'on découvre ces jours-là, eft d'argent, orné de feüillages & d'ornemens de vermeil doré, d'un travail qui furpaffe le prix de la matiere. On ne voit point dans aucune Eglife de Paris un plus grand nombre de Reliquaires, de Vafes d'argent, de Girandoles, de parfums, & d'autres chofes femblables, & toutes ces pieces font d'argent, ou de vermeil doré. Il y en a même quelques-unes d'or: mais ce qui eft plus confiderable, eft un grand Soleil d'or, enrichi de diamans & de groffes perles, d'un prix tres-confiderable. Les ornemens font prefque de la même beauté, ils en ont un qui reprefente l'Adoration des trois Rois, dont la broderie eft de perles, & d'autres d'un ouvrage tres-rare, où l'or & l'ar-

gent

& l'argent n'a point été épargné : enfin rien ne manque à la magnificence de cét Autel, joint à cela que ces Peres ont des Sacristains tres-habiles, qui inventent tous les jours de nouvelles manieres de l'embellir.   Toutes les Chapelles font ornées de colonnes de marbre & de Tableaux, qui representent quelques actions des Saints qui y font reverez.   A côté du grand Autel à main gauche fous une Arcade, eft le cœur de LOUIS XIII. que deux grands Anges foutiennent fous une couronne de vermeil doré.   On a mis deux Infcriptions que voici.   Sur les pilliers des côtez.

AUGUSTISSIMUM

LUDOVICI XIII.

JUSTI REGIS,

BASILICÆ HUJUS

FUNDATORIS

MAGNIFICI

COR,

ANGELORUM HIC

IN MANIBUS,

IN COELO

IN MANU DEI.

Vis-à-vis eft cette feconde Infcription, qui fait voir que ce Monument a été élevé

par

par les soins religieux d'Anne d'Autriche,
son illustre Epouse.

SERENISSIMA

ANNA AUSTRIACA

LUDOVICI XIV.

REGIS MATER

ET REGINA REGENS,

PRÆ DILECTI

CONIUGIS SUI

CORDI REGIO

AMORIS HOC

MONUMENTUM P.

ANNO SALUTIS

M. DC. XLIII.

Il y a quatre bas-reliefs de marbre blanc,
qui représentent les Vertus Cardinales,
qui sont fort bien executez. Sous le Dôme du même côté, est un monument magnifique, dressé à la memoire de Henri de
Bourbon, Prince de Condé, que Mr. Perrault,

rault, qui avoit été son Intendant, par un
genereux motif de reconnoissance a fait é-
lever avec beaucoup de dépense à la gloire
de ce Prince.   Ce sont quatre Vertus de
bronze, grandes comme le naturel, assises
sur des piez-d'estaux de marbre noir, avec
des bas-reliefs aussi de bronze, qui representent les belles actions de ce Prince, qui
sont autour de la Chapelle au lieu d'une balustrade, sur un appui de marbre noir. Aux
deux côtez de l'ouverture qui sert d'entrée,
il y a deux Amours, l'un desquels tient un
bouclier, sur lequel sont les Armes de Bourbon, & l'autre une Table où cette Inscription est gravée.

HENRICO BORBONIO
CONDÆO
PRIMO REGII SANGUINIS
PRINCIPI,
CUJUS COR HIC CONDITUM
JOANNES PERRAULT,
IN SUPREMA
REGIARUM RATIONUM CURIA
PRÆSES,
PRINCIPI
OLIM A SECRETIS.
QUÆRENS DE PUBLICA PRIVATA-
QUE JACTURA PARCIUS
DOLERE POSUIT.
ANNO M. DC. LXIII.

Tou-

Toutes les pieces font de bronze & parfaitement bien travaillées. Monfr. Sarazin, de qui elles font, y a fait paroitre fon
beau genie pour le deffein. Ce monument
renferme le Cœur de ce genereux Prince, que
les Peres Jefuites avoient déja long-temps
avant fa mort: car tout le monde fçait que
la Maifou de Bourbon a toûjours eu une affection tres-particuliere pour cette Compagnie. Le Cardinal de Bourbon, oncle
de Henri le Grand, fut le premier qui les
établit à Paris; il acheta l'Hôtel d'Amville, la fomme de treize mille livres, que
les Receveurs de l'Abbaye de Saint Germain, lui avancerent pour ce fujet; & en
mourant il laiffa fa Biblioteque à ces Peres,
qui étoit compofée de Livres tres-bien conditionnez: mais jufqu'au Regne de LOUIS
le Jufte, ils n'avoient qu'une petite Chapelle & une maifon fort incommode. Ce
grand Roi dont la pieté êtoit extraordinaire, fit commencer leur Eglife comme on
la voit, & le Cardinal de Richelieu contri-
bua beaucoup à fa perfection, comme l'on
a dit. Ce fut le Frere Marlange, Lyonnois,
de cette Compagnie, qui en donna le deffein, mais l'ouvrage fut conduit par le
Pere de Rant, Lorrain, qui diminua
beaucoup de chofes qui êtoient dans le premier deffein.

Je ne dirai rien à la loüange de cette
Société, outre que ce feroit m'écarter

de

de mon sujet, cette matiere est reservée à
des plumes plus éloquentes que la mienne.
J'avertirai seulement le Lecteur, que ceux
de cette Maison qui font à present le plus
de bruit, sont le Pere Bourdalouë, dont
les Sermons sont fort courus & écoutez
avec beaucoup de fruit & d'applaudissement ; son vrai caracterre est la Morale,
qu'il debite avec une éloquence si delicate,
si vive, & si penetrante, qu'il enleve tous
ses Auditeurs. Le Pere Girou dans un genre tout different de prêcher, ne fait pas
moins de bruit & ne merite pas moins de
loüanges.   Le Pere Menetrier qui avec sa
sçavante maniere de prêcher, possede encore divers beaux talens : il a donné un
grand nombre de Volumes sur la science
du Blazon, qu'il a reduit en principes infiniment plus clairs & plus methodiques
qu'aucun autre Auteur, qui ait écrit avant
lui sur cette matiere.   On a de lui depuis
peu, l'origine des *Opera*, & il en promet
d'autres qui seront sans-doute receus du
Public avec autant d'applaudissement que
ceux qu'il a déja donnez.   Le Pere Jourdan
est aussi de cette Maison : il a composé
l'origine de la Maison Roïale de France,
en trois Volumes *in quarto*, que Cramoisi a
imprimez, où l'on peut apprendre beaucoup de particularitez touchant l'Histoire
de France, que les Auteurs modernes avoient negligez, ou n'avoient pas découvert.
                                    Dans

Dans la petite place qui eſt vis-à-vis, on a reparé la Fontaine que l'on appelloit autrefois *la Fontaine de Biragues*, où cette Inſcription eſt gravée.

SICCATOS LATICES ET ADEM-
TUM FONTIS HONOREM
OFFICIO ÆDILES RESTITUE-
RE SUO.
Ob reditum aquarum.
M. DC. XXVII.

LA RUE DE LA COUTURE OU DE LA CLOTURE SAIN-TE CATHERINE.

CEtte Ruë eſt vis-à-vis le Portail des Jeſuites, l'on y doit aller voir L'EGLISE SAINTE CATHERINE, qui lui donne ſon nom. Elle a été bâtie ſous le Regne de ſaint Loüis, il y a quelques Tombeaux aſſez conſiderables ; celui du Chancelier d'Orgemont, qui vivoit ſous Charles V. & dont il eſt beaucoup parlé dans l'Hiſtoire de ce Regne ; celui du Cardinal de Biragues, Milanois, qui eſt enterré proche de ſa femme : il étoit Chancelier ſous Charles IX. & Henri III. & fort re-
nommé

nommé à cause de sa grande équité, & de
sa moderation, qui disoit de lui-même qu'il
êtoit *Cardinal sans titre*, *Prêtre sans Bene-*
fice, *& Chancelier sans Sceaux*; mais d'autre ajoûtoient, *juge sans jurisdiction*, *&*
Magistrat sans autorité. Il mourut âgé de
soixante & quatorze ans en 1583. son Tombeau est dans une Chapelle; il est tout de
marbre tres-bien travaillé, orné de colonnes Corinthiennes & de feüillages de bronze doré. Les Chanoines Reguliers de l'Or-
de de saint Augustin de la Congregation de
sainte Geneviéve du Mont occupent cette
Maison. La porte de l'Eglise est fort jolie,
ornée d'Architecture en Pilastres, entre
lesquel sil y a des Statuës & des Bas-reliefs au
dessus qui font un assez bel effet en entrant,
quoi que les regles de l'art n'y soient pas
observées, ni selon l'usage ordinaire,
qui défend de mettre des triglifes sur une
frize soûtenuë par des colonnes Corinthiennes. Plus avant on verra

L'HOTEL DE CARNAVALET, dont
la Porte est du fameux Gougeon. Elle est
en bossage avec deux bas-reliefs au dessus.
Cét ouvrage a été si fort admiré des Sçavans, que le grand Mansard ayant êté emploïé pour achever cette porte, ne voulut
point toucher à ce qui avoit êté commencé
par cét habile Maître; il se contenta d'accommoder le second étage tel qu'on le voit,

&

& qui n'eſt pas même achevé. Le bâtiment du côté de la cour, eſt embelli de grandes figures à demi-relief, qui ſont parfaitement bien deſſinées. Tout proche eſt

L'HOTEL D'ANGOULESME, dont l'Architecture eſt compoſée de grands Pilaſtres Corinthiens, qui occupent toute la hauteur du bâtiment, & qui ſont les premiers que l'on ait élevé à Paris de cette maniere. Auſſi ont-ils ſervi de modele aux Architectes qui les ont copiées dans des ouvrages qu'ils ont faits depuis.

Au bout de la ruë ſainte Catherine, dont on vient de parler, on ne doit pas manquer d'aller voir la Maiſon de Monſr. de Ville, Architecte, qui n'a rien oublié pour lui donner de l'agrément & de la propreté. L'Eſcalier eſt dans un des côtez de la cour. Au fond du Jardin, il y a cinq Statuës, le Laocoon, un Hercule, une Flore, Junon, & Jupiter, qui ſont de tres-bonnes copies des Statuës de Rome, & qui viennent de ſaint Mandé proche Vincennes, où Monſieur Fouquet les avoit fait mettre, qui êtoit, comme l'on ſçait, tres-délicat pour les bonnes choſes. Il y en a encore huit autres pareilles à celles-ci, qui ſont dans une Salle baſſe de cette maiſon, & qui ne ſont pas encore placées.

Aprés ce détour, on doit revenir dans la ruë ſaint Antoine, pour voir

L'HOTEL DE SUILLY, dont le bâtiment est tres-regulier. La porte est accompagnée de colonnes Doriques sur lesquelles on a laissé une plate-forme, afin de donner plus d'air à la cour, & de ne point ôter les veuës aux appartemens du fonds, qui sont tres bien meublez, & disposez fort regulierement.

LES FILLES DE SAINTE MARIE sont plus avant, & proche l'Hôtel de Maïenne, qui fait le coin de la ruë du petit Musc. Leur Eglise est petite, mais des plus jolies de Paris. C'est un Dôme raisonnablement élevé, soûtenu en dedans de Pilastres Corinthiens, & de quatre arcades. Le grand Autel est sous celle du fond, qui répond à la porte. Le Tabernacle est d'un tres-bel ouvrage, & le Tableau qui represente la Visitation est d'un excellent Maître. Sur cét Autel les jours de Fêtes on expose une grande quantité de riches pieces d'orpheverie, & un ornement, au milieu duquel est le portrait de Saint François de Salles, leur Instituteur; tout garni de grosses perles. Le Chœur où elles chantent, occupé un des côtez, & la Chapelle de ce Saint un autre. Cette Eglise est de l'Invention du fameux Mansard, ainsi elle ne sçauroit donner qu'une grande satisfaction aux Curieux.

En sortant de cette Eglise on découvre.

LA

LA BASTILLE, qui fait face à toute la ruë faint Antoine, c'eft une Citadelle antique, compofée de huit Tours, rondes & fort élevées, dont le deflus eft en terrafle, entre lefquelles il y a une cour qui fert de promenade aux Prifonniers les moins maltraitez. Elle fut bâtie fous le Regne de Charles VI. en 1360. par un nommé Jacques Aubriot, Prevôt de Paris. A prefent elle fert de prifon à ceux qui font criminels d'Etat, & Monfieur de Bezemeaux qui en eft Gouverneur, eft obligé d'entretenir une Compagnie de Soldats pour garder la place.

LA PORTE S. ANTOINE.

CEtte Porte eft à côté de la Baftille, & conduit au Faux-bourg du même nom. Elle fut bâtie pour Henri II. & lui fut dediée comme un Arc de Triomphe ; depuis quelques années on l'a embellie confiderablement, en abattant une autre vieille porte qui étoit proche, qui caufoit des embarras continuels, & en accompagnant celle-ci de deux autres nouvelles, qui rendent le chemin plus facile, & qui donnent une plus libre entrée aux Carrofles & aux Charois. On voit par une petite Infcription que l'on a confervée, que c'eft un ouvrage de Metezeau, digne pere de celui dont on a parlé, & qui étoit un homme d'un extraordinaire habileté, comme on le peut aisément juger par l'ouvrage de cette Porte, qui eſt dans ſon genre, une des plus belles choſes que l'on puiſſe voir. Le fameux Monſieur Blondel, qui a eu le ſoin d'ordonner les nouveaux Ouvrages que l'on a fait à Paris, n'a pas jugé que l'on pût rien faire de plus beau, & s'eſt contenté de faire une ouverture de chaque côté, afin de donner plus de dégagement à celle du milieu. La plus belle face regarde le Fauxbourg; elle eſt en boſſage ruſtique, avec un grand entablement Dorique, qui regne ſur tout l'ouvrage, ſur lequel eſt un Attique. La Statuë du Roi eſt deſſus, & deux petites pyramides aux extremitez. Ces Inſcriptions ſont gravées ſur l'Attique.

LUDOVICO MAGNO
PRÆFECTUS ET ÆDI-
LES.

ANN. R. S. H.
M. DC. LXXII.

QUOD URBEM AUXIT,
ORNAVIT LOCUPLE-
TAVIT,
P.C.

Mais

Mais ce que les Curieux estiment davantage, sont deux morceaux de Sculpture qui sont autour du ceintre du premier ouvrage, & quelques figures de la maniere de Jean Goujon, qui representent des Fleuves & des Deïtez antiques. Du côté de la Ville on a fait la même chose en imitant la voussure de la Porte du milieu, que les Architectes ont trouvée si singuliere & si belle, que celle-ci a donné son nom à toutes les autres portes que l'on a fait depuis.

Entre les trois Arcades qui font les portes, on a mis en bas-relief une copie de la Médaille, que la Ville a fait fraper pour le Roi, qui represente sa Majesté avec cette Inscription.

LUDOVICUS MAGNUS FRANCORUM ET NAVARRÆ REX. PP. 1671.

Le revers de la même Médaille est de l'autre côté, où une Vertu assise est representée, qui s'appuïe sur un bouclier, où sont les Armes de la Ville, avec cette Legende.

FÆLICITAS PUBLICA.

Et au dessous.

LUTETIA.

Entre la Porte & le Bastion on a été

  obli-

obligé de faire une rampe de quarante huit
piez de large, pour rendre l'accez du Rampart plus facile.   A l'entrée proche la porté d'un petit Jardin , fort regulierement
dreflé , on a placé cette Infcription à deux
faces, fur le côté qui regarde le Faux-bourg.

LUDOVICUS MAGNUS.

PROMOTIS IMPERII FINIBUS
ULTRA RHENUM, ALPES
ET PYRENÆOS
POMOERIUM HOC MORE PRISCO
PROPAGAVIT
ANN. R. S. H. M. DC. LXX.

Du côté de la Ville on lit la fuivante.

LUDOVICUS MAGNUS

ET VINDICATAS CONJUGIS AUGUSTÆ
DOTALES URBES
VALIDA MUNITIONE CINXIT
ET HOC VALLUM CIVIUM DELICIIS
DESTINARI JUSSIT.
ANN. S. R. H. M. DC. LXXI.

Le

Le Rampart eſt planté de quatre rangées
d'Arbres, qui forment un Cours fort agreable, qui conduit juſques à la porte Saint
Martin ; il eſt compoſé d'une allée & de
deux contre-allées : celle du milieu eſt de
ſoixante piés , & les deux autres de dix-
huit à vint piés de large. La Porte Saint
Loüis bâtie de neuf ſe trouve preſque au
milieu, ſur laquelle eſt cette Inſcription.

LUDOVICUS MAGNUS
A V O
DIVO LUDOVICO.
ANN. R. S. H.

M. DC. LXXIV.

Tous ces travaux ſont du deſſein de Mr.
Blondel, & ces belles Inſcripitons ſont auſſi de lui.

Hors la Porte ſaint Antoine, à l'entrée du
Faux-bourg on a fait une grande Eſplanade
ronde, ſur laquelle on a mis deux grandes
Statuës, aſſiſes ſur des Trophées d'Armes.

Tout le Faux-bourg Saint Antoine conſi-
ſte ſeulement en trois longues Ruës ; à ſçavoir la grande Ruë de ſaint Antoine, qui eſt
au milieu ; la Ruë de Charonne , & la
Ruë de Charenton. Dans celle du milieu qui eſt la plus belle , on voit le nou-

vel

rel Hôpital, bâti pour les Enfans Trouvez. Plufieurs perfonnes de pieté ont contribué à cette belle charité, & entre autres
Madame la Chanceliere d'Aligre, qui y a
même un appartement. L'Eglife & le bâtiment de la maifon ne font pas encore a-
chevez.

L'ABBAYE DE S. ANTOINE eft
plus avant; c'eft elle qui donne fon nom
à tout le quartier. On raconte plufieurs
Hiftoires tres-fingulieres touchant fa fondation; mais comme elles ne font pas du
goût de ce fiecle, l'on n'a pas jugé à propos de les rapporter. La maifon commença à être bâtie en l'année 1193. & fut achevée fous le Regne de faint Loüis, qui affi-
fta à fa Dedicace, avec la Reine Blanche de
Caftille, fa mere. L'Ordre de Citeaux y
étoit déja introduit par la folicitation de
Odo de Suilly, Evéque de Paris. Cette
Abbaye eft nombreufe, & fort bien reglée.
L'Abbeffe fe nomme Madame Molé de
Champlâtreux, d'une des plus illuftres
Maifons de la Robe; Fille de feu Monfr. le
premier Prefident Molé, Garde des Sceaux
de France. L'Eglife n'a rien de confiderable que les Tombeaux de deux Princeffes,
toutes deux filles de Charles VI. qui font
de chaque côté du grand Autel.

A l'entrée de la Ruë au deffus de cette
Abbaye, eft la Manufacture des Glaces de
Miroirs, qui venoient autrefois de Venife;

mais

mais Monſieur Colbert ayant obſervé que ce commerce faiſoit ſortir beaucoup d'argent hors du Roïaume, a établi cette Manufacture, qui a eu un tres-heureux ſuccés, comme toutes les autres choſes que ce Miniſtre a entrepris. Il y a un grand nombre d'Ouvriers qui travaillent inceſſâment, les uns à polir les Glaces avec du grez, les autres avec de l'émeri, & d'autres à faire les bizeaux. On ne s'en ſert point d'autres à preſent à Paris; & ce qui ſort de leurs mains, eſt auſſi beau que ce qui venoit autrefois de Veniſe avec des frais infiniment plus grands. Ces Ouvriers ſont rangez dans des Galeries, autour d'une grande cour quarrée, & on a fait faire exprés ce bâtiment, qui a toutes les commoditez qu'il doit avoir.

L'ARC DE TRIOMPHE.

PRoche l'endroit où l'on voit l'Arc de Triomphe, on avoit dreſſé un Trône magnifique à la Reine, lors qu'elle fit ſon entrée en 1660. & comme cét endroit eſt le plus élevé de tout ce quartier, on y a placé ce bel édifice; quoi qu'il ne ſoit élevé qu'à la hauteur des piez-d'eſtaux des colonnes. On peut juger par la beauté du modele qui n'eſt que de plâtre, que ce ſera un des plus illuſtres Monumens de toute l'Europe. C'eſt un grand ouvrage à deux faces,

ouvert de trois Portes, entre chacune def-
quelles il y a deux colonnes Corinthiennes,
qui toutes enfemble font le nombre de huit
à chaque face ; & deux aux extremitez fur
l'épaiffeur.   On a mis fur les entablemens
de grands trophées d'armes, où il y a des
Efclaves enchaînés.   Le deffus de tout
l'Ouvrage eft en plate-forme, au milieu
de laquelle eft un grand pié-d'eftal, où la
Statuë du Roi à cheval doit être placée.
Tous les ornemens de ce bel Edifice ap-
prendront à la Pofterité les glorieufes
actions de la Vie du Roi, qni feront repre-
fentées dans des Médaillons que l'on pla-
cera dans les entre-colonemens. Cét Arc de
Triomphe furpaffera fans doute tous ceux
que l'on voit à Rome, & dans d'autres
endroits d'Italie, qui font reftez de l'Antiquité, & on verra dans celui-ci plus de
grandeur.   La folidité de l'Ouvrage répon-
dra à fa beauté.   On s'eft fervi des plus dures & des plus grandes pierres que l'on a
pû trouver, qui font rangées de telle maniere, qu'elles ne paroiffent que par la plus
petite face, & qui font jointes fans ciment,
& fans aucune autre matiere.   Enfin on
n'a rien oublié pour en faire un des plus illuftres Monumens de ce fiecle.

LE CHATEAU DE VINCENNES.

QUoi que l'on n'ait pas deſſein dans cet-te Deſcription de parler des belles Maiſons des environ de Paris ; cependant on eſt obligé de dire quelque choſe de VINCENNES, à cauſe de la proximité. Il eſt au bout de la grande allée d'arbres, que l'on a tirée vis-à-vis l'Arc de Triomphe, & qui ſert d'avenuë à ce Château, qui ſe trouve à l'extremité, & qui borne la veuë de ce côté fort agreablement ; tout l'ouvrage eſt quarré, entouré de foſſez revétus, & aſſez profonds. Il eſt compoſé de pluſieurs Tours fort élevées, dont une eſt plus haute que les autres, que l'on nomme *le Donjon.* Philippe Auguſte a été le premier qui fit faire le Parc, dans lequel il fit mettre quantité de bêtes fauves, que Henri, Roi d'Angletterre lui envoya de Normandie, dont il étoit pour lors en poſſeſſion. Philippe de Valois & le Roi Jean ſon fils, firent continuer l'ouvrage ; mais il ne pût être achevé que ſous le Regne de Charles V. dit *le Sage,* qui le mit en l'état où il eſt ; on y a fait des augmentations tres-conſiderables, & la Cour y a ſouvent logé long-temps. Les deux grandes aîles du bâtiment moderne que l'on y voit du côté du Parc, ſont en Pilaſtres Doriques, du deſſein de Monſieur du Vau. Dehors & dedans elles ſont

G 6

ma-

magnifiques , & ont quelque chofe de
grand : mais ce qui eft de plus remarquable , eft la grande Porte qui conduit au Parc,
qui eft du même ordre , avec des Statuës de
chaque côté , qui font tres-belles. La
Chapelle a été fondée par Charles V. &
le corps de Monfieur le Cardinal Mazarin , mort dans ce Château , y eft en dépôt , jufqu'à ce que celle du College des
quatre Nations foit achevée , dans laquelle on lui doit élever un Tombeau, comme
il l'a ordonné par fon Teftament. Il faut
remarquer les belles vîtres de cette Chapelle qui font fort eftim̃es , parce qu'on n'en
voit guere de pareilles en Italie ni ailleurs.
Plufieurs Rois ont fait auffi leur féjour dans
ce lieu. Saint Loüis qui fe déroboit fouvent
à la foule de fa Cour , pour vaquer plus
facilement aux exercices de pieté , y alloit
paffer des jours de retraite. On dit qu'il
n'y a pas long-temps que l'on voioit encore dans le Parc un gros chefne fous lequel
ce bon Prince donnoit audiance à ceux qui
fe prefentoient pour lui demander juftice, &
qu'il envoioit même des Herauts par la
Campagne pour avertir ceux qui avoient
befoin de reclamer fon autorité , contre
l'oppreffion des grands qui les mal-traito-
ient. C'eft ce qu'un fçavant Predicateur a
fort bien remarqué dans un éloquent Panegyrique , qu'il fit le jour de la Fête de
ce Saint , dans l'Eglife des grands Jefuites ,
qui lui eft dediée.   A l'en

A l'entré du Parc est la Menagerie, où l'on nourit plusieurs bêtes farouches, que l'on fait battre souvent les unes contre les autres, dans une cour, autour de laquelle il y a des Galeries qui servent à regarder ce Spectacle en sureté.

Derriere la Ménagerie, vis-à-vis une des Portes du Parc sont les Religieuses de saint Mandé, qui êtoient autrefois à la Sauslaïe au dela de Ville-Juif. Cette maison apparte-noit autrefois à Monsieur Fouquet.

Voila tout ce qu'on peut voir de ce côté. En rentrant dans le Faux-bourg, on peut aller se promener dans le Jardin des PIQUEPUCES, qui est dans les premieres maisons. Il y a des Grotes de rocailles, qui ne sont pas mal travaillées ; dans leur Refectoire il ont des Tableaux de Monsieur le Brun, & ce Couvent est un des plus agreables de Paris, quoi que ce ne soit qu'un ouvrage de ce siecle.

De ce même côté en prenant le chemin de la Ville, on passera devant RAMBOU-ILLET, dont le Jardin est fort agreable, composé de plusieurs allées de Charmilles, & d'un grand parterre, au milieu duquel il y a une fontaine.

Tout proche à REUILLI, est la maison de Monsieur DE CHANTELOU, Maitre d'Hôtel du Roi, qui a les plus beaux Tableaux ds Poussin que l'on puisse voir, entre autres les sept Sacremens, dont on a fait

tant

tant de copies, & que le sieur Pesne a gravez à l'eau-forte. Tous les Sçavans conviennent que ce sont sans contredit les plus beaux Tableaux & les mieux dessinez qu'il y ait au monde, si l'on en excepte les pieces de quelques Maîtres d'Italie.

De l'autre côté du Faux-bourg on doit aller à la maison du sieur TITON, Secretaire du Roi, dans la ruë de Montreüil : elle est une des plus jolies que l'on puisse voir, & comme le Maître à qui elle appartient, est un homme riche & de bon goût, on peut s'imaginer que rien n'y manque, aussi est-elle tres-agreable. Du côté du Jardin, aussi bien que du côté de la cour, les faces en sont tres-belles.

Dans la ruë de Charonne on en trouvera aussi une autre qui appartient à Monsieur DE FOLVILLE, qui l'a fait bâtir depuis fort peu de temps. Le dessus est en terrasse à l'Italienne, avec des Vases & des Statuës sur les entablemens, c'est une espece de gros Pavillon à quatre faces, au milieu duquel est un salon ouvert de quatre côtez, qui partage le logis en autant de parties. La beauté est pareille du côté du Jardin, & du côté de la cour. Le Jardin est assez grand & entretenu fort soigneusement, les Etrangers ne doivent pas negliger d'aller voir ces deux maisons ; car il est certain qu'on n'en peut guere voir de plus propres, & où les beautez de l'Architecture moderne soient

appli-

appliquées avec plus de soin & plus d'agrément. Voila tout ce qu'on peut remarquer
de plus curieux dans le Faux-bourg saint
Antoine.

La premiere chose que l'on peut voir en
rentrant dans la Ville, est

L'ARSENAL, où il y a un assez
beau Jardin avec une longue allée d'arbres,
qui regne tout du long du fossé. Proche
du Mail il y a quelques appartemens assez
beaux, qui regnent sur trois cours fort
spatieuses, dont les veuës sont sur la Riviere. La grande Salle entre autres est embellie d'un Plafond de Monsieur Mignard.
Monsieur le Duc du Lude occupe à present
ce logement, comme grand Maître de l'Artillerie de France. Autrefois on faisoit la
fonderie des pieces d'Artillerie dans l'Arsenal ; mais à present on la fait dans les Villes Frontieres, à cause de la proximité des
lieux où l'on en a besoin, sur la Porte sont
ces deux Vers.

Ætnæ hæc Henrico Vulcania tela mi-
nistrat,
Tela Giganteos debellatura furores,

L'HOTEL DE L'EDIGUIERES est
dans la ruë de la Cerisaïe, qui conduit à une
des Portes de l'Arsenal. On ne doit pas
manquer d'y aller voir des meubles magnifiques,

fiques, qui y font ; & il n'y a pas long-
temps qu'il y avoit des plus beaux Tableaux du Roïaume, que feu Monfieur
le Duc de l'Ediguieres avoit affemblez avec
beaucoup de foin & de difcernement,
mais qui ont paffé en d'autres mains aprés
fa mort.

LES CELESTINS.

AUtrefois ce Couvent appartenoit aux
Carmes de la Place-Maubert, & les
Celeftins étoient où font à prefent les Carmes : mais ces derniers pour s'approcher
de l'Univerfité, abandonnerent ce lieu,
& firent un échange avec les Celeftins. Le
premier qui les fonda, fut un Bourgeois de
Paris, nommé *Iacques Marcel*, qui acheta en l'année 1318. la fomme de cinq cens
livres, la place que les Carmes avoient
abandonnée pour la donner aux Celeftins.
Charles V. furnommé *le Sage*, les augmenta beaucoup, & fit bâtir leur Eglife,
comme on la voit à prefent, & y mit la
premiere pierre. Ce Roi ne fe contenta
pas de cela, il leur donna des rentes confiderables, qui depuis ce temps-là ont été
augmentées par d'autres donations, qui
leur ont été faites par de grands Seigneurs,
& fur tout par Loüis Duc d'Orleans, frere de Charles V. qui fut affaffiné par le Duc
de Bourgogne, fon coufin germain, en for-

tant du Palais d'Iſabeau de Baviere, ſa Bel-
le-Sœur. Ce Prince avoit une affection
toute particuliere pour ces Peres, & il leur
fit plus de bien que perſonne ne leur en avoit
fait depuis leur fondation. Auſſi aprés ſa
mort, ſon corps fut porté dans leur Egliſe,
pour être enterré dans la Chapelle, qu'il
avoit fait bâtir pour lui & pour ſa Famille.
Mais avant que d'entrer dans l'Egliſe, on
doit paſſer par le petit Cloitre qui eſt parfaitement quarré, & bâti tres-proprement.
Il eſt tout vouté & orné de Sculptures,
les colonnes qui ſoûtiennent les Arcades,
ont des chapiteaux tres-bien travaillez.
C'eſt un ouvrage du ſiecle paſſé, qui auroit
beaucoup plus coûté dans celui-ci, car on
dit que toute la dépence ne monta qu'à
vint neuf mille francs. Dans un des coins
on doit lire l'Epitaphe d'Antoine Perez,
Secretaire de Philippe ſecond, Roi d'Eſpagne, qui étant tombé dans la diſgrace de
ſon Maître, vint chercher un azile en France, où il mena une vie privée. Il mourut
à Paris en l'an 1611. & il fut enterré dans
cét endroit: voici ſon Epitaphe.

Hic jacet Illuſt. D. Anthonius Perez olim
Philippo ſecundo Hiſpaniarum Regi à ſecre-
tioribus conſiliis. Cujus odium male auſpica-
tum effugiens, ad Henricum quartum Gallia-
rum regem invictiſſimum ſe contulit, cujuſque
beneficentiam expertus eſt, demum Pariſiis
diem clauſit Ann. S. M. D C. XI.

L'Egli-

L'Eglise de ces Peres est tout-à-fait gotique, & n'a rien de beau pour sa structure.
L'Autel n'est guere mieux orné, mais cependant les jours de Fêtes , on y expose
des ornemens tres-riches, d'une étoffe antique, d'or & d'argent , ou en broderie ,
qui font juger par leur beauté, que dans les
siecles passez on avoit déja l'industrie & le
goût de ces sortes de choses. Messieurs les
Secretaires du Roi tiennent leur Confrerie
dans cette Eglise. On sçait que cette Compagnie est une des plus celebres, par le nombre des personnes considerables qui la composent, & pour les grands privileges que
leurs Charges leur donnent, dont le plus
beau est le titre de Noblesse. Ils ont un Poë-
le noir des plus riches que l'on puisse voir,
fait par un Italien , que le Cardinal Mazarin avoit fait venir exprés pour donner des
desseins de broderie qu'il faisoit faire. Il est
de velours noir avec une grande Croix d'argent & des Cartouches aux extremitez, où
il y a des Devises travaillées fort delicatement.

Ensuite on doit aller voir les Tombeaux
qui sont dans la Chapelle d'Orleans. A
l'entrée de la porte , à main gauche, on remarquera une grande colonne torse , de
marbre blanc, ornée de feüillages & de
moulures , prises dans l'œuvre , aussi bien
que le Chapiteau , qui est composite , sur
lequel est une Urne de bronze , où est le
cœur

cœur du Connêtable Anne de Montmo-
rency, qui mourut glorieusement des blef-
sures qu'il avoit receuës à la Bataille de St.
Denis, qui se donna contre les Huguenots,
le 14. Novembre de l'année 1567. Ce bra-
ve Seigneur y fut blessé de six coups, dont
le dernier seul étoit mortel. On raconte u-
ne chose de lui, qu'étant à l'agonie un
Cordelier l'exhortant à la mort avec trop
de violence & d'importunité, il le pria de
le laisser un peu en repos, en lui disant
qu'il n'avoit pas vécu quatre-vints ans, sans
avoir appris à mourir un quart d'heure. Sa
pompe funebre fut magnifique & égale à
celle des Rois, car son effigie fut portée
comme on a coûtume de faire aux Obse-
ques des Rois, ou de leurs Enfans. Cette
belle colonne est élevée sur un pié-d'estal de
marbre rouge, & accompagnée de trois
Statuës de bronze, qui representent des Vertus. L'Epée Roïale dont le Connêtable est
le gardien, avec les autres marques de cette
Dignité, y sont aussi representées sur le marbre. On y lit quelques Inscriptions en Vers
François, qui dans leur temps ont été fort
estimés, mais que l'on a negligé de raporter
ici, parce qu'elles ne sont pas du goût d'à
present. Ce Monument est un des plus
beaux & des plus singuliers, que l'on puisse voir; l'ouvrage de la colonne est tout-à-
fait particulier; & on dit que le Sculpteur
a été plus de quinze ans à le faire.

Le

Le corps de ce grand Connêtable eſt dans l'Egliſe de la Ville de Montmorenci à quatre lieuës de Paris, où on lui a élevé un Mauſolée des plus beaux du Roïaume, & dont on poura parler quelque jour. Au milieu de cette Chapelle eſt le Tombeau du Duc d'Orleans, pour lequel elle a été particulierement bâtie. Il n'a rien du tout de magnifique; l'on y voit ſeulement la repreſentation en marbre de quatre perſonnes couchées, à ſçavoir de Loüis, Duc d'Orleans, qui fut aſſaſſiné, & de Valentine ſa femme, qui mourut deux ans aprés ſon mari, de douleur & de triſteſſe, aprés avoir fait tout ce qu'elle avoit pû pour tirer vangeance de la perfidie du Duc de Bourgogne; & aprés avoir intereſſé dans ſa querelle, le Dauphin Charles, contre ſa propre Mere, & le Parlement qui cita ce Duc à comparoître en perſonne. Le Clergé & l'Univerſité, qui compatiſſoient à ſa douleur, firent inutilement leur poſſible pour lui faire avoir ſatisfaction. La France eſt obligée à cette Princeſſe du droit inconteſtable qu'elle a ſur le Duché de Milan, qu'elle lui a apporté par ſon mariage avec le Duc d'Orleans, dont Loüis XII. & François premier deſcendoient. Elle étoit fille de Jean Galeas, Duc de Milan, qui laiſſa deux Princes, leſquels moururent ſans Enfans mâles: ce qui rendit cette Princeſſe heritiere preſomptive de ce Duché. Ces Vers ſont gravez proche ſa Statuë. *Qu &*

Qua mulier Ducis Insubrii pulcherrima
proles ;
Jus Mediolani, sceptraque dote dedit.

Les deux autres figures de ce Tombeau
qui font couchées de chaque côté, font
celles de Charles, Duc d'Orleans, fils aîné
de celui, dont on vient de parler, pere de
Loüis XII. & l'autre de Philippe, Comte
de Vertus, fon Frere, qui mourut fans fe
marier. Toutes ces figures font de marbre,
& ont été faites par les foins religieux de
Loüis XII. qui à caufe de la douceur de fon
Regne & de la bonté qu'il avoit pour fes
Sujets, merita d'être appellé *le Pere de fon*
Peuple ; titre d'autant plus illuftre & glo-
rieux, que l'Empereur Augufte & les plus
grands Rois de la Terre ont fouhaité le pou-
voir meriter. Au bout de ce Tombeau du
côté de l'Autel eft le cœur de Henri fecond,
dans une Urne de bronze doré, que trois
Vertus foûtiennent fur leur tête, qui font
de marbre, & de la meilleure maniere de
Germain Pilon. Ceux qui s'y connoiffent,
admirent cette piéce, à caufe de la beauté
du deffein. Et l'on dit qu'un Curieux du
fiecle paffé offrit d'en faire faire une copie
le plus exactement qu'il fe pouroit, &
de donner encore dix mille écus de retour
fi on vouloit lui donner. Le pié-d'eftal
de

de ces trois figures, qui proprement n'en font qu'une, est en triangle en façon de trepié : elles sont de grandeur naturelle, d'un seul bloc du marbre, & se tiennent par la main. Les Draperies & l'air des têtes en sont admirables. On connoit bien par là, que le siecle passé égaloit celui-ci en delicatesse de travail & en beauté de dessein.

A l'autre bout, est le cœur de François second, sur une haute colonne de marbre blanc de laquelle il sort des flâmes, qui est accompagnée de trois Amours qui renversent leurs flambeaux. Elle est élevée sur un pié de porphire, aux faces duquel on lit ces Inscriptions : entre autres une qui marque que ce Roi avoit épousé Marie Stuart, qui eut la tête trenchée en Angleterere, par la jalousie d'Elisabeth. Il mourut à Orleans, âgé seulement de seize ans, le dixiéme Decembre 1560. Le cœur de Charles IX. son Frere, qui mourut à Vincennes le jour de la Pentecôte de l'annee 1572. est aussi sous ce même Monument. Le long de la muraille à main droite, est le Tombeau d'une Princesse, qui étoit Sœur de Valentine de Milan. Celui de l'Admiral Chabot, de la façon de Paul Ponce, y est aussi, dont les Ouvrages sont fort estimez ; & celui d'un Prince de la Maison de Rohan. Ces deux derniers, quoi que de differente maniere, sont tres-beaux, on y voit l'effigie de ceux qui y sont enter-

rés

rez, d'une façon tres-bien imaginée. Proche la Porte qui conduit de cette Chaplle à la Nef, est une grande colonne de marbre blanc, chargée de chiffres & de sculptures, qui appartient à l'illustre Maison de Cossé-Brissac, comme il paroît par l'Epitaphe. Elle a été élevée pour Timoleon de Cossé-Brissac. Mais ce qui se distingue le plus dans cette Chapelle, & ce qui frape plus agreablement la veuë, est la belle Pyramide de la Maison de Longueville, de la maniere de Monsieur d'Anguierre, où sont les cœurs de plusieurs Personnes de cette illustre Maison. Elle est chargée de Trophées, & accompagnée de quatre Vertus, de marbre blanc. Sur le pié-d'estal sont deux bas-reliefs dorez à feu, qui representent deux actions les plus remarquables du Duc de Longueville, pour qui ce Monument a été élevé, avec une dépence tres-considerable. Il ne faut pas negliger de remarquer le Tableau qui est sur l'Autel, il est de François Salviati Boulonois, Peintre fort celebre, dont les Ouvrages sont recherchez en Italie. Derriere cette Chapelle il y en a encore une autre petite, que Monsieur le Marquis de Rostaing a fait bâtir, mais où il n'y a rien qui merite d'attirer les Curieux. Dans la Nef de cette Eglise, est le Tombeau des Ancêtres de Monsieur le Duc de Gesvres, où il y a des Satuës à genoüil, de marbre, en habit du temps, fort bien tra-

travaillées, & sur tout celui de Monsr. le Duc de Trémes, son Pere. Dans une des Chapelles est celui de Monsieur de la Trémoüille ; & vis-à-vis celui de Monsieur Zamet, Evéque de Langres, à côté duquel on poura voir celui de *Carolus Magneus*, representé assis, la tête panchée sur son bras gauche, qui est de Paul Ponce, celebre Sculpteur, comme on a déja dit. Dans la Chapelle où est le Tombeau de Monsieur le Duc de la Trémoüille, il y a sur l'Autel une tres-belle Madelaine de Mignard, Neveu de Pierre Mignard, dont on a déja parlé. Dans l'interieur de la Maison, il n'y a rien du tout de curieux. Ces Peres ont entrepris un grand bâtiment depuis peu de temps, qui est presque achevé, où ils seront fort commodément logez. Leurs Jardins sont assez beaux, & dans un petit proche la Vigne on verra une Grotte de rocaille, qu'un jeune Religieux à le soin d'entretenir. Le Cabinet du Pere Augereau, dans le petit Jardin tout proche, merite d'être vû. Il y a des Tableaux assez bons & de belles Estampes. Ce Pere se connoit fort bien en ces sortes de choses, mais il n'a pas la commodité d'en amasser davantage.

On doit sçavoir que ces Religieux sont fort reguliers, & qu'ils ne mangent jamais de viande, s'ils ne sont malades ou éloignez de deux lieuës de leur Maison. Ils tien-

tiennent beaucoup de l'Ordre de Citeaux, dont ils font une branche.

Tout proche fur le bord de la Riviere on verra

L'HOTEL DE FIEUBET, qui appartient à Monfieur Fieubet, Confeiller d'Etat ordinaire, & Chancelier de feu la Reine ; qui l'a fait rebâtir depuis trois ou quatre ans. On ne peut gueres defirer une maifon plus propre que celle-ci pour les dedans, & pour les dehors. L'Efcalier eft fort clair & orné de Bufts entre les croifées. Les appartemens font en enfilade comme on les demande à prefent : d'un côté ils ont la veuë fur le Jardin, & de l'autre fur la Riviere. Les meubles font de la même propreté, dans les appartemens d'enhaut & d'enbas. La grande Perfpective fur le mur voifin eft tres-belle, elle eft peinte à frefque avec beaucoup d'imagination : elle reprefente une Architecture compofée de deux Arcades, entre lefquelles il y a des colonnes & une Statuë de Heros entre-deux. Sur tout l'ouvrage il y a un Quadran au Soleil, autour duquel font plufieurs figures ; une femme entre les autres, qui arrache les plumes de la queuë d'un Cocq, pour marquer les heures fur une Table, & le Temps au deffus qui femble approuver fon action. Toutes les couleurs s'en confervent tres-bien contre l'ordinaire des Peintures expofées aux injures de l'air, qui durent fort

H

peu

peu de temps ; sur tout à Paris , où l'air
est fort humide en Hyver , & la secheresse
de l'Eté tres-grande ; en sorte que le plastre
a de la peine à resister à ces extremitez. Elle est de de M. Rousseau , qui a fait celle
de Monsieur de saint Poüange.

Dans la même suite on trouvera.

L'HOTEL DE LA VIEVILLE , dont
l'entrée est triste , quoi que le dedans soit
assez logeable.

L'EGLISE DE St. PAUL , qui est la
Paroisse du quartier , est dans la même
Ruë qui vient aboutir proche cét Hôtel.
Autrefois elle étoit la Paroisse Roïale,lors-
que les Rois demeuroient au Palais des
Tournelles.   Elle a été bâtie comme on la
voit , sous le Regne de Charles V I.

En prenant le chemin de l'Isle de Nôtre-
Dame on peut encore voir
LE COUVENT DES RELIGIEUSES
DE L'AVE-MARIA , qui est dans la Ruë
des Barrieres. Elles sont de l'Ordre de sainte Claire.   Saint Loüis avoit mis autrefois
des Beguines dans cette Maison , c'est-à dire, des Religieuses de l'Ordre de sainte Begue, Flamande d'origine, qui avoient une
coëffure , qui leur cachoit presque tout le
visage.   Mais sous le Regne de Loüis XI.
la Reine Charlotte y introduisit le Tiers
Ordre de saint François avec la Reforme :
& le Roi Charles VIII. son Fils fit bâtir pour les Religieux , la Maison qui
est

est proche, & qui n'en est separée que par le passage qui mene à l'Eglise. Il n'y a point à Paris un Couvent de Religieuses, plus austere que celui-ci ; outre qu'elles ne mangent jamais de viande & qu'elles ne portent point de linge, elles se levent à minuit, & vont nuds-piez, sans sandales & sans aucune chaussure, avec l'étroite observance d'un silence perpetuel. Aussi l'on ne peut voir un Couvent, où il y ait plus de vertu & un plus grand desinteressement pour les choses du siecle. Ces bonnes Religieuses ne songent au monde que lors qu'elles prient Dieu pour les desordres qui s'y commettent, & comme elles ne vivent que des aumônes qu'on leur fait, elles n'ont point d'autre recours qu'à la Providence, qui ne leur manque jamais, parce qu'il se trouve à Paris un grand nombre de personnes de pieté, qui leur font des charitez, dont elles subsistent. On ne parle presque jamais à elles, & au milieu de Paris elles sont retirées du monde, comme si elles étoient dans la solitude la plus affreuse, ce qui fait que l'on ne voit presque jamais de Carosses à leur porte. Lors qu'elles sont obligées de parler à leurs plus proches parens, cela se doit faire dans l'Eglise, parce que dans toute la maison il n'y a que ce seul Parloir. Le Tombeau des illustres Ancêtres de Monsieur

H 2

l'Ar-

l'Archevêque de Paris, qui ont paru avec
éclat dans les plus grands emplois, est dans
une Chapelle.

Un peu plus avant est L'HOTEL DE
SENS, dont la porte est d'une assez belle
gotique. Autrefois les Archevêques de
cette Ville qui étoient Métropolitains de
Paris, y tenoient leur Siege ; mais sous le
Pontificat du Pape Urbain VIII. Paris aïant
été démembré de cét Archevêché, cét Hôtel a été occupé par des Particuliers qui en
rendent les loïers à l'Archevêque de
Sens.

Ensuite il faut passer sur le Pont-Marie
pour aller dans l'Isle Nôtre-Dame. On remarquera en passant que ce Pont n'est pas
rempli de maisons, comme il le devroit
être, parce qu'en l'année 1657. au mois
de Mars, la Riviere étant extraordinairement débordée emporta deux Arches la
nuit ; ce qui causa une perte tres-considerable de personnes & de biens qui perirent
miserablement. On le nomme ainsi, parce
que l'Entrepreneur qui conduisit l'Ouvrage en 1614. s'appelloit Marie.

L'ISLE NOTRE-DAME.

L'Isle Nôtre-Dame prend son nom de
l'Eglise de Paris, à qui elle appartient

en

en propre. Toutes les maisons qu'on y voit,
font un Ouvrage de ce siecle. Ce n'étoit
auparavant qu'une Prairie , où toutes
fortes de gens s'alloient promener , au
milieu de laquelle étoit une petite Chapelle dediée à faint Loüis. A prefent elle eft toute revétuë d'un Quay de pierres
de Taille , tres-folide & remplie de maifons fort bien bâties; parmi lefquelles il s'en
trouve de magnifiques , & qui pouroient
être comparées aux plus beaux Palais, fur
tout celles qui font à la pointe , du côté de
l'Orient , où la Seine fe fepare en deux
bras pour former l'Ifle ; les Ruës en font
droites , & finiffent toutes fur le bord de la
Riviere.

La premiere maifon que l'on doit voir
entrant du côté du Pont-Marie, eft celle DE
MONSIEUR DE GRAND - MAISON ,
qui paroit folidement bâtie & dont les dedans font tres beaux. En allant plus avant
on trouve

LA MAISON DE MONSIEUR LAM-
BERT TORIGNY , Prefident à la Chambre des Comptes , dont la principale entrée
eft fur la Ruë faint Loüis, qui traverfe l'Ifle,
d'un bout à l'autre. Cette maifon eft magnifique dans tout ce qu'elle contient; la porte
eft grande & élevée, & l'ouvrage de la ferru-
rie eft tout-à-fait extraordinaire ; mais ce
n'eft pas à quoi il faut le plus s'arrêter.
La cour des quatre côtez eft ornée d'une

face de logis admirable, revétuë de grands
Pilaſtres Ioniques, qui prennent depuis le
bas jusqu'au comble du bâtiment, avec des
Vaſes qui ſont ſur l'entablement. L'Eſcalier eſt dans le fond de la cour, à deux
rangs de colonnes, au revers deſquelles le
jour ſe repand ſur les degrez ſans que rien
y ſerve d'obſtacle. Le premier appartement
eſt compoſé de pluſieurs Chambres de ſuite,
qui ont la veuë ſur la Rivïere du côté du Jardin, en ſorte que dans un jour ſerain on peut
découvrir ſix ou ſept lïeuës de Païs, ce qui eſt
un agrement tres conſiderable. On verra
dans ces appartemens des Plafons des mieux
peints ; ſur tout dans la derniere chambre
qui eſt tout entiere de le Sueur, qui dans
nu âge peu avancé donnoit l'eſperance d'é-
galer un jour les plus grands. Peintres de
l'Italie comme on l'a reconnu dans les dernieres pieces qu'il a faites. Ce que l'on
voit de lui dans cette maiſon, eſt ce
qu'il a fait de plus beau ; principalement
les Tableaux qui ſont dans l'alcove, qui
repreſentent des Muſes qui font un con-
cert. Le Plafon eſt preſque de la même beauté. Les meubles de cét appartement ſont tres-riches. Delà on doit aller dans la Galerie, qui eſt dans le même
pleïn-pié. Tout ce que l'on invente ordinairement pour l'ornement des plus belles Galeries, ſe trouve dans celle-ci, la dorure
ſur une ſculpture delicatement travaillée,

avec

avec un Plafon enrichi de Tableaux des
meilleurs Maitres : entre lesquels il y en a
quelques-uns de le Sueur , dont on vient de
parler , & que l'on distinguera tres facilement, quoi que ceux qui ne sont pas de lui,
ne soient pas à négliger, étant tres-bien
peints. La porte par laquelle on y entre , est
soûtenuë en dedans par deux colonnes Corinthiennes toutes dorées. Les côtez sont
presque de la même façon avec des Païsages
& des Pilastres , du même ordre , entre lesquels il y a des Busts de marbre sur des Tableaux de même, & le bout enfin se termine
à une petite Terrasse en balcon, qui domine
sur la Riviere. Les appartemens d'en bas ne
sont pas si bien ornez , quoi qu'ils aïent leur
agrément. Dans le Jardin on verra quelques
Statuës assez belles, & il ne faut pas oublier
d'aller voir l'Orangerie , qui en Hiver est
dans une salle ou l'on se peut promener sans
peine. Tout proche il y en a une autre,
qui n'en est separée que par une grande cloi-
son vitrée , au travers de laquelle on peut
avoir le plaisir de voir la verdure au milieu de l'Hiver. La face du logis du côté du Jardin est de la même symetrie & de
la même ordonnance que celle de la cour;
ce qui donne à cette maison un air de grandeur, qui paroît de fort loin , & qui fait
un fort bel effet , lors qu'on entre par
eau à Paris du côté de Charenton. Tout
proche est

LA MAISON DE MONSIEUR DE
BRETONVILLIERS, auffi Prefident en la
Chambre des Comptes. Cette maifon eft
encore mieux fituée que celle dont on vient
de parler , parce qu'elle eft fur la pointe de
l'Ifle , & que la Riviere eft des deux côtez. Elle eft auffi beaucoup plus grande
& plus fpatieufe. La Maçonnerie , quoi
que fans aucun ordre d'Architecture , à
caufe des ornemens qui y font placez , eft
d'une tres-belle apparence. L'Efcalier eft à
main gauche dans un des coins de la cour ,
bâti avec beaucoup de folidité, comme tout
le refte du logis ; où l'on n'a pas épargné
les Voutes dans les endroits qui pouvoient
en avoir befoin. Cette Maifon eft grande & peut fournir toutes les commoditez neceffaires au logement d'un grand
Seigneur. La baffe cour eft feparée du refte , en forte qu'elle ne peut caufer aucune
incommodité : pour la beauté & l'agrément
des dedans , elle l'emporte encore fur celle dont on vient de parler ; parce que les
veuës en font plus étenduës , & des fenêtres , il femble que tous les bateaux qui ar-
rivent inceffamment pour la fubfiftance de
Paris , viennnent prendre terre au pié ; &
on les voit fe divifer d'un côté & d'autre
pour aller au port faint Paul , ou au Port
de la Tournellle, où on les décharge ordinairement. Les meubles font magnifiques : des
Lits en broderie tres-riches, des Chenets ,

des

des Tables, des Luſtres, des Miroirs, &
des Garnitures de Cheminées d'orfevrerie,
des Tapiſſeries rehauſſées d'or & d'argent,
toutes ces choſes s'y voïent en abondance.
Les Peintures ſont auſſi des plus belles, puis
qu'elles ſont de M. le Brun, qui eſt à preſent le premier Peintre du Roïaume. La
Galerie qui eſt à main gauche, eſt toute de
lui ; les côtez au lieu de Menuiſerie ſont
couverts de Peintures à freſque qui occupent long-temps les Curieux, qui les re-
gardent, qui ont un extréme plaiſir de voir
dans ces belles Piéces, ce que l'on va
chercher en Italie avec tant d'empreſſement. Les appartemens d'en bas ſont fort
agreables ; il y a des bains, & une Salle
tres-commode en Eté, à cauſe de la fraî-
cheur qu'il y fait. Enfin rien ne manque à
cette Maiſon, & on y trouve toutes les com-
modités que l'on peut deſirer, de quelque
maniere qu'elles puiſſent être ; celui qui l'a
fait bâtir n'ayant point épargné les plus
groſſes dépences pour la rendre telle qu'elle
eſt à preſent.

En ſortant on doit prendre ſon chemin
le long du Quay Dauphin, autrement
le Quay des Balcons, dont les maiſons ont
preſque toutes des Balcons, qui ſortent
des fenêtres : mais une entre les autres me
rite dêtre conſiderée, qui eſt celle où demeure MONSIEUR L'ABBE' LE SAIN-
TE CROIX, Maitre des Requêtes,

que feu M. Heſſelin, qui de ſon temps paſ-
ſoit pour un homme des plus curieux , a
fait bâtir avec beaucoup de ſoin, ſur les deſſeins du ſieur le Vau.   La face en eſt d'une
tres-belle diſpoſition , ſans être embaraſſée
d'ornemens inutiles , & dans le dedans il y
a de tres-beaux Plafons , avec des Cheminées des mieux travaillées ; la cour eſt à la
verité , un peu triſte , mais ce defaut eſt
avantageuſement reparé par la ſymetrie du
bâtiment de ce côté-là , & par la belle veuë
du devant.

LA MAISON DE MONSIEUR ROU-
LIER eſt aſſez proche , dont l'Eſcalier eſt
tres-beau , ſoûtenu de colonnes Ioniques &
orné de bas-reliefs. La face du côté de la cour
eſt embellie d'une Architecture parfaitement belle ; elle a été bâtie par Monſieur
d'Aliſi.

Aprés avoir vû cette maiſon , on doit
aller à

L'EGLISE DE SAINT LOUIS , quoi
qu'elle ne ſoit pas encore achevée.   Ce qui
eſt commencé , eſt d'une tres-belle Architecture, la porte eſt ſoûtenuë ſur des colonnes Doriques , & lors que cette Egliſe ſera
dans ſon entier, elle meritera d'être compa-
rée aux plus belles , à cauſe du deſſein & de
la regularité dout on l'a conduite.   Le ſieur
du Vau en a donnné les premiers deſſeins.
M. Champagne, habile Peintre, êtant Mar-
guillier , eut le ſoin des ornemens d'Architecture

tecture qui y font, & M. le Duc a conduit l'ouvrage en l'état où il est.

On doit fortir de l'ifle Nôtre-Dame par le Pont de la Tournelle, bâti de pierres de Taille, fur le modele du Pont-Neuf ; avec deux levées de chaque côté pour la commodité des gens de pié. Enfuite à main gauche, on verra

LA PORTE DE SAINT BERNARD, embellie depuis quelques années, auffi fur les deffeins de Monfieur Blondel : de chaque côté on y a mis de grands bas-reliefs, qui occupent toutes les deux faces. Du côté de la Ville, le Roi eft reprefenté, qui repand l'abondance fur fes Sujets ; & fur l'Attique au deffus, on lit cette Infcription.

LUDOVICO MAGNO

ABUNDANTIA PARTA.

PRÆF. ET ÆDIL. PONL

C C.

ANN. R. S. H. M. DC. LXX.

Sur la face du côté du Faux-bourg, le Roi eft reprefenté habillé en Divinité antique, qui tient le gouvernail d'un grand Navire, qui va à pleines voiles, avec cette autre Infcription.

H 6   LU-

LUDOVICI MAGNI
PROVIDENTIÆ.
PRÆF. ET ÆDIL. PONI
CC.
ANN. R. S. H. M. DC. LXX.

Le long de la Riviere entre les Chantiers qui y sont, il y a une maison d'un Particulier, qui est tres-bien bâtie, composée de deux Pavillons, avec un corps de logis dans le milieu, où est l'Escalier qui communique à l'un & à l'autre, & qui a une jolie face du côté de la cour. Cette maison est tournée du côté de la Campagne ; ce qui en rend les veuës fort agreables. Les appartemens en sont commodes, & ornez de menuiseries dorées & peintes en marbre de diverses couleurs. Elle est la plus belle de tout ce quartier.

Par la Ruë de Seine, qui passe proche les murailles de cette maison on peut aller à

SAINT VICTOR.

C'Est une celebre Abbaïe de Chanoines Reguliers, de l'Ordre de saint Augustin, dont Monsieur de Coislin, Evêque d'Orleans, premier Aumônier du Roi, & frere de Monsieur le Duc de Coislin, est Abbé. Elle est tres-ancienne, & même on n'est

pas

pas bien certain de sa premiere fondation.
On sçait seulement que le Roi Loüis le Gros
fit élever une grande Eglise en l'année
1113. dans ce lieu, où il n'y avoit auparavant qu'une fort petite Chapelle : & on
lit dans l'Histoire de l'Eglise de Paris, que
Thomas de Champeaux, Chanoine de
Nôtre-Dame, & celebre Professeur en
Theologie, êtant entré en querelle avec
un de ses Disciples, nommé Abaillard, se
retira avec quelques-uns de ses Ecoliers,
proche la petite Chapelle de saint Victor, &
qu'il y prit l'habit de Chanoine Regulier ;
ce qui pourroit avoir commencé cette Abbaïe, qui depuis ce temps-là s'est toûjours
augmentée ; cela arriva environ en l'année 1105. il est fort parlé de la querelle de
ce Thomas de Champeaux avec Abaillard,
dans l'Histoire de ce temps-là, & l'on en
raconte des particularitez fort singulieres,
qu'il seroit hors d'œuvre de raporter ici.

Ce qu'il y a de plus curieux à voir, est
la Biblioteque, qui est nombreuse & remplie des meilleurs Livres que l'on puisse
trouver. Il y a aussi des Manuscrits, qui
sont dans le grand Cabinet du bout : elle a
êté considerablement augmentée par Monsieur Bouchet, Conseiller au Parlement, à
condition qu'elle seroit publique pour toutes sortes de personnes, plus souvent qu'elle ne l'êtoit auparavant : ce qui la
rend d'une tres grande utilité & d'un

mer-

merveilleux fecours pour les Studieux, qui y peuvent venir trois fois la femaine, le Lundi, le Mecredi, & le Vendredi ; & y demeurer toute la journée, fi bon leur femble. Elle eft la feule de tout Paris qui foit ouverte de cette maniere : mais on efpere que dans quelque temps il y en aura d'autres qui fourniront le même fecours. Dans le refte de cette Maifon on ne trouvera rien de fort curieux. Il y a dans l'Eglife une grande devotion à Nôtre-Dame de bon Secours, & à faint Clair, Evêque d'Autun, que l'on invoque pour le mal des yeux. Il fe rencontre des perfonnes fçavantes parmi Meffieurs de faint Victor, entre auttes Monfieur de Santeüil, prefque le feul de la France, qui entende à faire des Infcriptions en Vers pour les Monumens publics. Il eft d'une extraordinaire habileté dans cette fcience ; & toutes celles que l'on voit de lui, font tout-à-fait belles. Hugues de faint Victor, celebre Theologien, étoit auffi de cette Maifon.

Aprés avoir vû l'Abbaïe de faint Victor, on ira au Jardin du Roi : on paffera avant que d'y arriver devant

L'HOPITAL DE LA PITIE, qui fait une partie du grand Hôpital General ; où l'on entretient un grand nombre de jeunes garçons & de jeunes filles, que l'on occupe à travailler à divers Ouvrages, & fur tout les filles qui font du Point de

Fran-

France, dont l'on tire aifement dequoi les entretenir.

LE JARDIN DU ROI.

CE Jardin n'eft rempli que de Plantes medecinales tres-curieufes, que l'on y entretient avec un tres-grand foin, aux dépens du Roi. Dans certains mois de l'année on y donne des Leçons de Botanique, où tout le monde eft receu gratuitement. Il y a un Docteur en Medecine gagé pour cela, qui pour l'ordinaire eft diftingué des autres par fon fçavoir. Cette explication fe fait à fix heures du matin dans les endroits du Jardin, où les fimples font plantez. On doit remarquer que la moitié de ce Jardin eft occupée par une éminence, autour de laquelle on a pratiqué une allée qui monte tout autour en ligne fpirale, qui eft bordée d'une paliffade d'arbuftes. Sur le plus haut de cette éminence, il y a un Acacias, duquel on decouvre une veuë qui s'étend fur la Riviere & fur le Faux-bourg faint Antoine. En entrant à main gauche dans la cour, eft un Laboratoire, où l'on travaille auffi en Chymie publiquement, dans certains mois de l'année. Les compofitions qui s'y font, fe diftribuent à tous les pauvres, qui en ont befoin.

Mais ce qui eft de plus curieux, eft le
Cabi-

de gens ont été plus avant que lui dans
cette sorte d'operation, où il a fait un grand
nombre de Découvertes, qui lui ont acquis
une grande reputation. En Hiver il travaille publiquement dans la grande Salle, dispo-
sée en Amphiteatre, dans laquelle il peut
tenir un grand nombre de personnes. M.
Daquin, premier Medecin du Roi, a l'intendance & l'administration de ce Jardin :
c'est lui qui nomme les Docteurs en Medecine, & en Chirurgie, qui doivent donner
les Leçons de Chymie & de dissection, & il
a une pension du Roi pour ce sujet. Le Sur-
Intendant des bâtimens en est le maître ab-
solu, & c'est sous son autorité que toutes
ces choses s'y font. Au sortir de ce lieu on
peut aller à

L'HOPITAL GENERAL, quoi que pour
les délicats, ce ne soit pas un objet fort
agreable que de voir des pauvres ; cependant c'est une chose curieuse & surprenante tout ensemble d'en voir un si grand nombre, de toutes façons & de tous âges,
dont les diverses miseres sont soulagées,
avec tant de soin & de charité, que rien
ne leur manque que la seule liberté. Cette
grande Maison qui contient plus de six
mille personnes, paroît en entrant comme une petite Ville, à cause de la quantité & de la diversité des bâtimens ; quoi
que ce ne soit qu'un ouvrage de ce siecle, dont la charité seule entretient tous

les

« les Pauvres qui y sont. L'Eglise n'a été bâtie que depuis sept ou huit ans : elle est d'un dessein tout-à fait particulier : c'est un grand Dôme octogone , élevé sur des Arcades , à chaque face duquel on a placé huit Nefs ou huit espaces , pour contenir tous les Pauvres. L'Autel se trouve justement au milieu , sous le Dôme , ce qui fait qu'on le voit de huit côtez , pour la commodité de tout le monde. Il n'y a rien de magnifique dans l'ouvrage : seulement le Portique par où entrent les personnes du dehors , est soûtenu de quelques colonnes Joniques , avec un petit Attique au dessus ; mais qui ne sont pas d'un goût extraordinaire. A chaque côté de ce Vestibule il y a un Pavillon , où logent les Ecclesiastiques , qui servent cette Chapelle , & qui administrent les Sacremens aux Pauvres. Il faut sçavoir qu'on occupe presque toutes les jeunes filles de cét Hôpital , qui sont en tres-grand nombre , à faire du Point de France ; les unes le brodent , les autres font les brides & d'autres le fond : ce qui fait qu'il en sort beaucoup de leurs mains en peu de temps , dont on fait un debit considerable. Le premier President de Belliévre a été un de ceux , qui s'est le plus emploïé pour la fondation de ce grand Hôpital , que l'on croïoit impossible , à cause du nombre excessif des Pauvres que l'on voïoit courir les ruës & les

Egli-

Eglises de Paris ; ce qui incommodoit fort
le Public. Cependant cét illuftre Magiftrat,
aidé du Cardinal Mazarin, la Duchefse
d'Aiguillon, & de quelques autres perfonnes d'autorité, en vint heureufement à bout,
& y fit renfermer tous ceux qui fe trouverent demander l'aumône, ou qui ne pouvoient gagner leur vie.

Prefque vis-à-vis la porte dans une grande place qui fe trouve dans cét endroit, on
tient le marché aux Chevaux, le Mercredi
& le Samedi de chaque femaine.

LES GOBELINS.

CEtte Maifon eft prefque des dernieres
du Faux-bourg faint Marcel. C'eft
ici où il faut que les Curieux emploïent
tout ce qu'ils ont d'application pour obferver toutes les belles chofes qui y font ;
puifqu'il n'eft guere de lieu en Europe, où
il y en ait tant à voir ; mais afin d'en donner
quelque idée plus jufte, il faut en faire une
defcription.

Premierement, il n'eft pas inutile de fçavoir, que cette Maifon a été de tout temps
remplie d'excellens Ouvriers, & qu'autrefois elle étoit occupée par de celebres Teinturiers en Laine ; dont le premier a été un
certain *Gilles Gobelin* ; lequel, à ce qu'on dit,
trouva le fecret de la belle Ecarlate, ou du
moins qui l'apporta à Paris ; d'où vient
quel-

qu'elle a été nommée depuis ce temps-là, *l'Ecarlate des Gobelins*. Cette Maison en a retenu le nom, aussi bien que la petite Riviere qui coule derriere, qui a une vertu toute particuliere pour cette teinture, & que l'on nommoit auparavant *la Riviere de Bievre*. Les Hollandois ont fait tout leur possible pour en découvrir le secret ; mais ils n'en ont jamais pû venir à bout, avec toute leur industrie & toute la dépence qu'ils ont faite ; cependant ils en approchent un peu, mais ils ne peuvent arriver au degré de perfection, où nos Teinturiers mettent cette belle couleur ; qui en font un tres-grand debit par toute l'Europe, & même presque par tout le Monde ; car il en passe beaucoup dans les Indes & dans l'Amerique : mais sans rien dire davantage de cette Maison & de la vertu de la Riviere des Gobelins ; il faut parler des choses que l'on y voit à present. Il est bon de sçavoir que tous les Ouvriers qui y sont, travaillent seulement pour le Roi, & que tous les Ouvrages qui s'y font, sont pour la décoration & pour l'ornement des Maisons Roïales. Il y a quelques années que le nombre en étoit beaucoup plus grand, mais la quantité prodigieuse d'ouvrages qu'ils font, a été cause que l'on en a retranché beaucoup, parce que les Garde-Meubles du Roi se sont trouvez suffisamment remplis, en sorte que l'on peut dire à present qu'il n'est point de Prince dans tou-

te

te l'Europe, qui ait plus d'orfevrie ni de
Tapisleries.

La premiere chose qui est à voir, sont
les Tableaux qui sont presque tous du
fameux Monsieur le Brun, le plus habile Peintre de France, & dont les Ouvrages sont recherchez & admirez de tous
ceux qui se connoissent en la Peinture.
Aussi le Roi pour le recompenser de la grande application avec laquelle il travaille
incessamment, & pour donner de l'émulation à ceux qui pouroient avoir quelque
genie pour le dessein, ne s'est pas contenté de lui donner de grosses pensions, & de
le declarer Intendant de tous les Ouvrages
de Peinture & de Sculpture, qu'il fait faire,
& de le nommer Dirêcteur de l'Academie Roïale de Peinture, il l'a encore annobli
par des Lettres Patentes. Les principales Pieces de cét excellent Maître font
à Versailles. Le grand Escalier est presque tout de lui, & il travaille encore à
present à la grande Galerie, qui occupe la
face du bâtiment du Jardin. Dans le
Louvre il y a aussi divers Plafons de sa
maniere. Dans l'Eglise de Nôtre-Dame
ou verra deux Tableaux, dont l'un represente le Martyre de saint Etienne, & l'autre le crucifiment de saint Pierre, qui sont
tous les deux dans le Chœur, aux côtez du
grand Autel, & que l'on distingue facilement des autres. Aux Carmelites du Faux-
bourg

bourg saint Jacques, le second grand Tableau, qui represente la Madelaine aux piez de Nôtre-Siegneur chez Simon le Lepreux, & un autre de cette même Sainte dans une Chapelle de la même Eglise, qui fut admiré de la Reine-Mere, qui commença en voïant cette Piece, à concevoir de l'estime pour M. le Brun, qui peu aprés se fit connoître à la Cour, par le moïen du Chancelier Seguier, dont il étoit fort estimé. La plûpart des Ouvrages qui se font dans les Gobelins, sont de son dessein, & c'est lui qui en a la conduite. Son Cabinet est un des plus curieux que l'on puisse voir ; dans lequel il conserve des Tableaux des plus excellens Maîtres, & diverses Pieces rares, qui ont du raport avec la Peinture. Je dirai encore à la gloire de Monsieur le Brun, qu'il a sous lui plusieurs autres Peintres, qui ne font autre chose que copier ses Cartons, & travailler sur ses desseins.

La seconde chose que l'on verra dans ce lieu, sont les Tapisseries ; parmi le grand nombre d'Ouvriers qui travaillent à ces sortes d'ouvrages, il y a plusieurs Flamands, qui égalent les plus renommez du siecle passé, qui étoient à Anvers. L'on ne peut rien voir de plus beau, que ce qui sort de leurs mains, soit en Histoire, soit en Païsage, où l'or & l'argent est emploïé avec profusion, & il y a des Pieces qui en

sont

font toutes rehauſſées : quand on aura bien examiné ces choſes , on conviendra qu'il n'eſt point de lieu au monde , où l'on travaille mieux , & où l'on entende la nuance des laines plus parfaitement ; c'eſt encore Monſieur le Brun qui en donne les deſſeins, & ce ſont la plûpart de ſes Tableaux que l'on copie.   Depuis quelque temps on a auſſi copié quelques-uns des plus beaux du Pouſſin , le premier homme de nôtre ſiecle , ſans contredit ; entre autres , le petit Moïſe, du Cabinet de feu Madame Leſcot ; le Rocher du Deſert, d'où ſort une Fontaine ; qui appartenoit à défunt Monſieur Dreux, Conſeiller au grand Conſeil; & deux autres Tableaux du Cabinet de M. le Chevalier de Lorraine ; l'un qui repreſente le Paſſage de la Mer rouge , & l'autre l'Adoration du Veau d'or On en a fait autant de quelques pieces de Raphaël & de Michel Ange. Mais une des plus belles & des plus curieuſes choſes, eſt l'Hiſtoire du Roi repreſentée en diverſes Pieces , dont on peut faire pluſieurs tentures ; où ſont repreſentées ſes principales actions , comme les Batailles qu'il a gagnées, & les Villes qu'il a priſes ; les ceremonies de ſon Mariage , le Renouvellement d'Alliance avec les Deputez des Treize Cantons des Suiſſes, & divers autres évenemens à peu prés de cette ſorte. Les bordures de ces Pieces ſont à fond d'or avec des Groteſques & des Deviſes aux

coins

coins & au milieu des chiffres , qui font de
foïe de couleur, qui font un tres-bel effet
fur l'or, où elles font appliquées. Le fieur
Gens & le fieur le Févre ont l'intendance
fur ceux qui travaillent à la haute lice ; &
les fieurs Mozin & de la Croix conduifent
les Ouvriers de la baffe lice.

Aprés les Tapifferies on pourra aller dans
un lieu où l'on travaille en cizelure fur le
Cuivre , pour des Cabinets , & pour d'autres chofes à peu prés de cette forte. C'eft
là où l'on a fait les belles Serrures que l'on
voit à Verfailles, & au Louvre qui font travaillées avec tant de délicateffe.

Dans la premiere grande cour, par laquelle on paffera pour aller voir les chofes dont
on vient de parler , on ne manquera pas
d'entrer chez le fieur Loir , & chez le fieur
Villiers, tous deux fameux Orfévres , qui
travaillent inceffamment pour le Roi ; il fe
trouve fouvent entre leurs mains des Pieces
de grande confequence , & c'eft-là où l'on
a fait ces deux Baluftres d'Alcove, qui font
à Verfailles devant le lit du Roi , & devant
celui de la Reine. On fçait de quelle beauté de travail & de quelle richeffe ils font,
puis qu'ils reviennent chacun à deux cens
mille écus. Ils font d'argent folide fans
aucun foûtien dans les piez d'eftaux , &
dans les Barreaux , que l'épaiffeur du mé-
tail , qui a êté emploïé avec profufion.

Proche les Orfévres , dans la même
cour

cour à main droite, on trouvera des Ouvrages tout-à-fait extraordinaires du sieur Branquier, & du sieur Ferdinand de Meliori, qu'on a fait venir tous deux d'Italie pour travailler à une espece de Mosaïque, qui coute beaucoup de temps & de dépence ; c'est une maniere de Tableaux dont les couleurs differentes sont de pierres rapportées, qui representent des figures tresressemblantes, & fort bien dessignées. Le plus souvent ces Pieces sont composées d'Agate, de Lapis, de Jade & de Cornaline, qui sont les couleurs plus vives & plus brillantes que la Peinture ordinaire, & qui sont jointes avec une espece de mastic tres-dur. On les place ordinairement sur des Cabinets d'ébene, ou sur des Tables de prix. Chez un de ses Ouvriers il y a un petit Jardin derriere sa maison, qui est assez joli, où il y a quelques ornemens de rocailles & de coquillages.

Aprés avoir examiné toutes ces choses, on reviendra par le même chemin pour aller voir d'autres curiositez qui sont dans une cour separée. Il y a deux Atteliers, où travaillent des Sculpteurs, dont l'un est conduit par le sieur Baptiste, dans lequel est la Statuë de Monsieur de Turenne en marbre blanc, que l'on doit mettre à saint Denis, sur le Tombeau que le Roi lui fait élever ; & une grande Muse plus haute que nature, d'une tres-belle attitude, destinée pour

être

être mise à Versailles, avec d'autres Statuës de la même grandeur. L'autre Attelier
est conduit par le sieur Coesvau, qui travaille ordinairement aprés nature, & qui a fait
des Busts & d'autres figures imitées ; c'est le
même qui a fait le Bust du Roi, qui est dans
le grand Escalier de Versailles.

Aprés ces choses on ira chez le Brodeurs,
qui sont dans une Salle, proche de laquelle
on passe pour aller à la grande cour. Ils travaillent à diverses Pieces où la richesse de la
matiere le dispute ordinairement avec la
beauté du travail.

Tout proche il y a encore quelques
Sculpteurs dans deux *Salles* basses, où on
voit des morceaux en marbre, & même
en plomb pour les Fontaines de Versailles. Outre les choses que l'on vient dire, il se
trouve beaucoup d'autres curiositez dans
cette grande Maison, que les Curieux y
pouront remarquer, & qu'il seroit trop long
d'expliquer en particulier. On a déja dit
qu'il y avoit de toutes sortes d'excellens Ouvriers que l'on à fait venir de differens
endroits. Parmi ceux-là il ne faut pas
oublier M. Audrean, un des plus habiles
Graveurs de son temps. Il à grave à l'eau
forte & au burin, toutes les grandes Pieces de M. le Brun, comme le Triomphe
du grand Constantin, la Bataille de Ma-
xence, toute l'Histoire d'Alexandre ; cinq
grandes Pieces, & divers autres morceaux

de ce grand Peintre. Tout ce qu'on a vû de
lui , eſt d'une ſinguliere beauté & d'une
exactitude de deſſein la plus correcte du
monde ; ce qui fait que les choſes qui ſortent de ſes mains , ſe vendent beaucoup
plus cher , que ce qui paroît des autres ,
& ſouuent même il eſt difficile d'en avoir ,
parce que l'on reſerve les plus belles Epreu-
ves pour le Cabinet du Roi. Il a auſſi gravé
quelques Pieces du fameux Pouſſin , que
les Curieux conſervent dans leurs Cabinets. Le ſieur le Clerc y eſt auſſi , qui eſt
tres-habile & tres-eſtimé dans ce genre.
Voilà ce qu'il y a de plus curieux dans les
Gobelins.

Delà on rentrera dans la Ville par le Faux-
bourg SAINT MARCEL , & l'on paſſera
devant l'Egliſe du même nom , qui a été
fondée par Roland Comte de Blaye , Neveu
de Charlemagne , qui y fit beaucoup de
biens , en donnant de grands privileges aux
Chanoines qui la ſervoient. Autrefois cette Egliſe êtoit ſous le titre de ſaint Clement, mais le corps de ſaint Marcel, Evêque
de Paris , y aïant été trouvé , elle en prit le
nom , qu'elle a toûjours conſervé depuis.
Le fameux Pierre Lombard , ſurnommé *le
Maitre des Sentences* , y eſt enterré. Voici
ſon Epitaphe

*Hic jacet Magiſter Petrus Lombardus ,
Pariſienſis Epiſcopus , qui compoſuit Librum
Sen-*

Sententiarum , Gloſſas Pſalmorum , & Epiſ-
tolarum ; cujus obitus dies eſt 13.Cal. Augu-
ſti Anno 1164.

Il y a encore dans ce Faux-bourg
LES CORDELIERES. LE Couvent
de ces Religieuſes a été fondé premierement à Troyes par Thibaut VII. Comte de
Champagne & de Brie, mais il fut tranſpor-
té à Paris fort peu de temps aprés , à cauſe
de l'incommodité du lieu où il êtoit ſitué.
Marguerite de Provence , femme de ſaint
Loüis , fit commencer l'Egliſe , comme
on la voit , & Blanche ſa fille , veuve du
du Roi de Caſtille , s'y fit Religieuſe , &
donna de grands biens pour l'augmentation
de cette Maiſon. Elle fit bâtir le Cloitre où
ſont encore ſes Armes en divers endroits.
Ces Religieuſes ſuivent l'Ordre de ſaint
François , à peu prés comme les Cordeliers
du grand Couvent de Paris. Il n'y a rien de
ſingulier à voir dans leur Egliſe , non plus
que dans celle de
SAINT MEDARD , la Paroiſſe du
Quartier , où il arriva dans le ſiecle paſſé,
un tumulte furieux excité par les Calvini-
ſtes , qui vinrent les armes à la main, pour
maſſacrer les Catholiques , qui êtoient à
Veſpres ; à cauſe que le bruit des Cloches
de cette Egliſe les avoit empêché d'entendre leur Préche , qui ſe faiſoit dans une
Maiſon voiſine: mais ils furent punis de

I 2

leur

leur temerité ; car les Bourgeois ayant pris les armes, en tuerent plusieurs qui se trouverent sous leurs mains. Cét évenement commença à Paris la haine & l'aversion des Catholiques contre les Pretendus Reformés ; & les Historiens ont remarqué, que les Calvinistes depuis ce temps-là leverent le masque, & allerent armez dans les ruës de Paris. Mais les Catholiques ne le pouvant souffrir, cela donna occasion à un tres-grand nombre de désordres qui arriverent dans la suite.

Monsieur Patru dont on a un Volume de Plaidoïers extrémement beaux, est enterré dans cette Eglise. M. d'Ablancour avoit tant d'estime pour lui, qu'en mourant il lui recommanda la correction de ses Ouvrages.

Dans le même Quartier proche la petite Eglise de SAINT HYPOLITE, il y a une vieille maison bâtie du temps de Saint Loüis, qui n'est pas éloignée de la Riviere des Gobelins, où ce bon Roi alloit quelque fois passer des heures de solitude, pour faire ses prieres. On dit que sous Charles VI. il y arriva un accident fâcheux, qui fut en partie la cause de l'alienation d'esprit, dont ce Prince fut affligé presque pendant tout son Regne : voici comme on raconte la chose. Les Parisiens qui ont toujours fait gloire d'aimer passionnement leur Roi, voulurent regaler Carles VI. d'un Ballet dans cette

Mai-

Maison, au retour d'une grande Victoire
qu'il venoit de remporter contre les Flamans, qui s'êtoient revoltez contre leur
Prince. Le Roi donc s'êtant trouvé à cette
Fête avec beaucoup de Seign. déguisez en
Sauvages, & vêtus de Toille poiſſée, couver-
te de filaſſe, en forme de poil, & ſi bien
ajuſtée au corps qu'il ſembloit que ce fût
une peau naturelle ; comme le Roi dançoit
avec les jeunes Seigneurs, un de la Troupe
approchant trop prés d'un flambeau, que
tenoit un Prince, qui vouloit reconnoître
le Roi entre les autres ; le feu prit à la filaſſe
avec violence ; & comme ils êtoient tous
attachez les uns aux autres, le Roi n'en
pût être garanti qu'en ſe jettant tout couvert de flâmes, entre les bras de la Ducheſſe de Berri, qui ſe trouva là heureuſe-
ment, qui étouffa le feu en l'envelopant
dans ſa grande robe. Tous ceux de la même bande furent étouffez ou rôtis, & moururent deux jours aprés. Le Roi ſeul fut
ſauvé, & Nantoüiller qui ſe jetta dans une
cuve pleine d'eau qui ſe trouva-là proche.
Depuis ce funeſte accident, Charles devint
fort chagrin & fort mélancolique, & l'idée
d'un ſi grand peril lui prepara le cerveau à
la manie, qui lui prit proche la Ville du
Mans, ainſi que Monſieur de Mezerai le
raconte. Voilà tout ce qu'on peut voir dans
ce Faux-bourg.

Les Portes par où l'on y entre, ſont celle

de

de faint Victor, proche de l'Abbaïe de ce nom, dont on a parlé. Elle a été reparée depuis peu, mais non pas avec autant de dépence que les autres: on a feulement reprefenté en baffe-taille fur le cintre un grand Vaiffeau de guerre, que la Ville prend pour fes Armes, avec cette Infcription au bas.

QUÆ NON MARIA?

L'autre Porte eft celle de faint Marcel, derriere fainte Geneviéve du Mont.

Tout proche fur le Foffé entre les deux Portes, on ne doit pas manquer d'aller voir les Tableaux du fieur de Troyes, que le Roi envoya en Baviere, pour faire le Portrait de Madame la Dauphine. Il eft peu de Peintres qui réüffiffent mieux que lui en Portraits: ce qui lui attire la pratique de la plûpart des perfonnes de qualité, qui fe font tirer de fa main.

On ne dira rien du Couvent des Religieufes Angloifes, ni de la Maifon des Peres de la Doctrine Chrêtienne, qui font auffi fur le même Foffé, parce qu'il n'y a rien de curieux à y remarquer, finon une des plus belles veuës, qu'on puiffe découvrir, à caufe de la fituation élevée où ils font.

Fin du premier Tome.

T A-

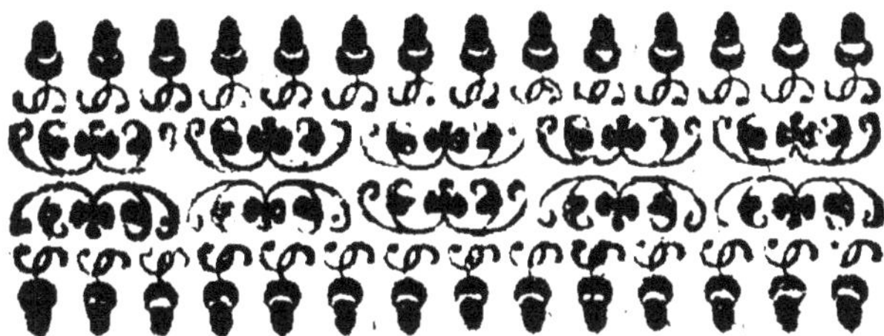

TABLE

Des choses contenuës dans le premier Volume.

Les

TABLE.

LE QUARTIER SAINT HONORE.

LE

TABLE.

LE QUARTIER DE LA BUTE SAINT ROCH.

LA RUE VIVIEN.

LA

TABLE.

LA RUE SAINT DENIS.

LA RUE SAINT MARTIN.

L'Egli-

TABLE.

LA RUE SAINT AVOYE.

LA RUE DU GRAND
CHANTIER.

Sain-

TABLE.

LA VIEILLE RUE DU TEMPLE.

LA RUE SAINT LOUIS.

TABLE.

LA PLACE ROYALE.

LA RUE SAINT ANTOINE.

LA RUE DE LA CULTURE SAINTE CATHERINE.

L'Hô-

TABLE.

L'ISLE NOTRE-DAME.

TABLE.

Fin de la Table du premier volume.